ラーメン技術教本

麺や 維新

麺処 まるは BEYOND

饗 くろ㐂

麺処 銀笹

我流麺舞 飛燕

東京スタイルみそらーめん ど・みそ 京橋本店

味噌らぁめん 一福

麺や 庄の

麺処 ほん田

らぁ麺 胡心房

麺屋 藤しろ

麺劇場 玄瑛 六本木店

つけめん TETSU 千駄木本店

貝汁らぁめん こはく

創作麺工房 鳴龍

支那ソバ かづ屋

日本の国民食のラーメンは、世界的なフードに進化しています。アメリカでも、ヨーロッパでも、アジアでも、日本のラーメンは大人気。それを追い風に、新進気鋭のラーメン店は続々と海外に進出しています。そもそもラーメンは中国料理の麺料理が日本で独自に変化を遂げたもので、基本的には麺、スープ、たれ、油、トッピングで構成されたシンプルな料理です。ひと昔前まで、スープは、醤油、塩、味噌、豚骨、トッピングはチャーシュー、味つけ玉子、メンマと、定型のイメージがありました。しかし、21世紀のラーメンは違います。たとえばスープ。豚骨魚介、煮干し、鶏白湯など新しいジャンルが次々と生まれています。トッピングも、多様な素材、調理法を駆使した新たな具材が人気を集めています。各店が創意工夫を凝らし、新しい味が絶え間なく生まれていくのもラーメンの魅力かもしれません。

　その一方で、ラーメン業界は競合が激しく、流行に左右され、多くの店が生まれては消えていく。開業しても店を安定して続けることが難しく、不安を感じている経営者も多いのではないでしょうか。そこで、本書では人気ラーメン店16店に登場いただき、ラーメンづくりのポイントと、店を続けるコツを語ってもらいました。ラーメンづくりについては、スープや麺、トッピングのつくり方を、詳細なプロセス写真を添えて解説。とくにスープについては定番の鶏や豚骨、魚介スープから、豚骨魚介、鶏白湯、貝スープなどの近年のトレンドまで多様な種類を紹介しているので、ラーメンを学びたい方には参考になると思います。経営のコツについては、カラー頁に登場した各店の店主にQ&A形式で伺いました。ラーメン店の主人は脱サラやマニアが高じてはじめるケースも多く、開店までの道程や店を続ける苦労、どのように工夫して現在の味に達成したかといったエピソードは、経営者や開業希望者のみならず、ラーメンファンにも興味深いのではないでしょうか。

ラーメン技術教本——目次

第1章 スープの技術

麺や 維新（醤油らぁ麺）	8
麺処 まるはBEYOND（中華そば 醤油）	14
饗 くろ㐂（塩そば）	18
麺処 銀笹（銀笹塩ラーメン）	24
我流麺舞 飛燕（魚介鶏塩白湯）	30
東京スタイルみそらーめん ど・みそ 京橋本店（特みそこってりらーめん）	34
味噌らぁめん 一福（味噌らぁめん）	39
麺や 庄の（らーめん）	44
麺処 ほん田（濃厚豚骨魚介らーめん）	50
らぁ麺 胡心房（味玉らぁめん）	58
麺屋 藤しろ（濃厚鶏白湯ラーメン）	62
麺劇場 玄瑛 六本木店（XO醤薫イベリコの玄瑛流ラーメン）	68
つけめん TETSU 千駄木本店（つけめん）	72
貝汁らぁめん こはく（琥珀醤油麺）	78
創作麺工房 鳴龍（担担麺）	83
支那ソバ かづ屋（担担麺）	90

第2章 製麺の技術

麺や 庄の	98
麺劇場 玄瑛 六本木店	101
つけめん TETSU 千駄木本店	104

中華麺のバリエーション	106

第3章 トッピングの技術

饗 くろ㐂(チャーシュー)	112
麺処 ほん田(チャーシュー)	114
創作麺工房 鳴龍(肩ロースチャーシュー、豚バラチャーシュー)	116
麺や 維新(鶏チャーシュー)	118
支那ソバ かづ屋(ワンタン)	119
麺処 銀笹(鯛つみれ)	120
麺屋 藤しろ(豊潤味付け玉子、煮タケノコ)	122
らぁ麺 胡心房(メンマ)	124

第4章 メニューバリエーション
第5章 店づくり、営業について

※頁数は、左が「メニューバリエーション」右が「店づくり、営業について」

麺や 維新	128・160
麺処 まるはBEYOND	130・162
饗 くろ㐂	132・164
麺処 銀笹	133・166
我流麺舞 飛燕	134・168
東京スタイルみそらーめん ど・みそ 京橋本店	135・170
味噌らぁめん 一福	136・172
麺や 庄の	138・174
麺処 ほん田	140・176
らぁ麺 胡心房	142・178
麺屋 藤しろ	143・180
麺劇場 玄瑛 六本木店	144・182
つけめん TETSU 千駄木本店	145・184
貝汁らぁめん こはく	146・186
創作麺工房 鳴龍	148・188
支那ソバ かづ屋	150・190

香味油のつくり方	152
麺処 まるはBEYOND／饗 くろ㐂／我流麺舞 飛燕／麺や 庄の	
ラーメン素材図鑑	154

デザイン／田坂隆将
イラスト・図版／㈱オセロ
撮影／海老原俊之、石田理恵、川島英嗣、坂元俊満、高瀬信夫、長瀬ゆかり
取材／川島路人、栗田利之、中津川由美、深江園子、布施 恵、諸隈のぞみ
編集／黒木 純、高松幸治

第1章

スープの技術

スープはラーメン店にとって一番の差別化の鍵。鶏ガラ、豚骨、魚介スープに加え、豚骨魚介、鶏白湯、貝スープなど新しいジャンルも新定番として確立し、それぞれファンをつかんでいます。スープに使う食材も増え、ラーメンの多様化はますます進んでいます。

＊各店のレシピは、2015年11月〜2016年4月の取材時のものです。

麺や維新
醤油らぁ麺

スープ｜醤油らぁ麺（麺や維新）

比内地鶏と名古屋コーチンのうまみ、香りが広がる
クリアで、すっきりとした味わいの清湯

　鶏だしベースの塩ラーメンの店としてスタートし、すっきりとした淡麗系鶏清湯の醤油ラーメンで一躍人気店となった「麺や維新」。2013年10月に横浜・平沼橋から東京・目黒へ移転したあとも、鶏のうまみをきかせたスープと生醤油でつくるきりりとした醤油だれ、自家製平打ち細麺を合わせた「醤油らぁ麺」の味わいは健在だ。

　「自分がもっとも好きな鶏だしを使って他にはないラーメンをつくろうと、2004年の開業以来、素材、調理法をつねにブラッシュアップしてきた」と話す店主の長崎康太さん。メインの鶏ガラは14年に伊達地鶏からまろやかなうまみをもつ比内地鶏に変更し、さらに16年1月からは比内地鶏と名古屋コーチンの鶏ガラを同割で使用する新たなレシピへリニューアル。銘柄鶏の上品な香り、うまみに赤鶏さつまのガラや丸鶏、モミジ、豚ゲンコツ、魚介の風味を重ね、奥行きのある味わいに仕上げている。

　素材とともに製法も修正。以前は魚介系スープを別鍋で仕込み、あとから鶏だしに加えていたが、鶏の風味をより際立たせるため、現在は煮干しや節類を直接スープに加えてなじませる手法をとっている。また、素材のうまみだけをしっかり抽出するため、スープの加熱温度は低めにコントロール。炊きはじめは弱火で豚ゲンコツや鶏ガラが焦げつくのを防ぎ、その後、2時間かけて90℃台まで温度を上げるといった細やかな温度管理で、雑味のないクリアな清湯に仕上げている。

材料

清湯

豚ゲンコツ	5kg
羅臼昆布	適量
比内地鶏ガラ	10kg
名古屋コーチンガラ	10kg
リンゴ	適量
赤鶏さつまガラ	5kg
丸鶏	3羽
モミジ	2kg
タマネギ	適量
カタクチイワシ煮干し	適量
アゴ煮干し	適量
サンマ節	適量
サバ節	適量
カツオ節（厚削り）	適量
マグロ節	適量

鶏は、うまみの濃い比内地鶏（写真左・左側）と名古屋コーチン（右側）のガラをメインに使用し、赤鶏さつまのガラ、丸鶏、モミジを補足的に加えて奥行きを出す。比内地鶏は秋田県の農協から、きれいに処理された状態で届く。魚介は鶏のうまみを消さないよう、風味の異なる6種の煮干しや節類を少量ずつ加える。サバ節、カツオ節はカビづけされたものを使用。

清湯

比内地鶏、名古屋コーチンのガラからうまみをじっくり引き出し、丸鶏、モミジ、豚ゲンコツ、魚介のうまみをバランスよく加えてクリアなスープに。

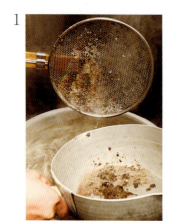

1　豚ゲンコツを1時間ほど水に浸けて血抜きしたあと、沸騰した湯に入れて10分ほど強火で加熱。浮いてきた血合いなどは網でとり除く。

2　1の豚ゲンコツの湯を捨て、氷水で急冷する。冷えたらタワシで残った血合いや汚れを除き、流水で洗う。ビニール袋に入れ、冷蔵保存する。

3　羅臼昆布に水を加え、一晩冷蔵庫において水出しする。

4　直径51cmの寸胴鍋に水を張り、下処理した豚ゲンコツを加えて火にかける。鍋に接した骨が焦げないよう、水温が40～50℃になるまで弱火で加熱。その後中火に上げる。

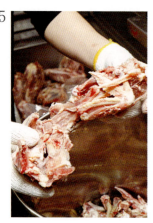

5　比内地鶏の胴ガラを開き、中から手羽、ヤゲンをとり出す。比内地鶏は産地で解体、掃除後、手羽やヤゲンを胴ガラの中に詰めた状態で届く。

6　4の胴ガラの内側に残る内臓をとり除く。鶏油のもととなる脂はとらずに残す。流水で軽く洗い、だしが出やすいようガラを2つに折る。

7　豚ゲンコツを炊きはじめて30分後、鍋に比内地鶏のガラを加える。

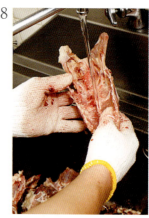

8　名古屋コーチンの胴ガラの内側に残った内臓をとり除く。脂はとらずに残す。流水で血や汚れを洗い流す。

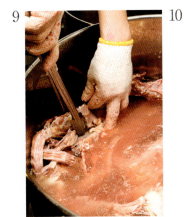

9 スープの鍋の火力を弱火に落とし、水面から浮き上がらないように名古屋コーチンのガラを隙間なく詰める。水温が40～50℃になったら中火にし、90℃までゆっくり上げる。

10 スープの温度が70～80℃になり、表面にアクや汚れが浮いてきたら、目の粗い網、細かい網を使ってていねいにとり除く。

11 着火から約2時間後でスープの温度は90℃に。鶏油が浮いてきたらすくいとり、冷めてから冷蔵保存する。鶏油が固まったあとに残ったスープは鍋に戻す。固まった鶏油は溶かしてラーメンの香味油として使用する。

12 酸化防止のため、皮つきのリンゴを鍋に加える。

13 赤鶏さつまのガラの内臓、脂をとり除き、流水で洗う。雑味が出ないよう、湯に浸けて押し洗いし、冷水で冷やし、水けをきる。

14 丸鶏の腹と腿のつけ根に切り込みを入れて半分に切る。内臓と余分な脂をとり除き、流水で洗う。

15 腿肉を切り出し、骨をたたいて2つに折る。

16 下処理した丸鶏を12の鍋に入れ、丸鶏が浮き上がらないように赤鶏さつまのガラを鍋のまわりに隙間なく詰める。

17 モミジを加え、火力を強めの中火に上げて、98℃までスープの温度を上げる。

18 皮をむき、半分に切ったタマネギをザルに入れ、スープに浸す。タマネギは2時間後に引き出す。

19 一晩おいた3の昆布と水を寸胴鍋にかけたザルで漉し入れ、昆布の入ったザルをスープに浸す。昆布は1時間後に引き出す。

20 着火から約7時間後、カタクチイワシとアゴの煮干し、サンマ節、サバ節、カツオ節厚削りを加える。

21 魚介を加えて約1時間30分後、表面に浮いた脂をとり除く。くさみがあるため、この脂は廃棄する。

22 マグロ節を加えてさっと混ぜ、5分おいて火を止める。

23 目の粗いザルと細かい網を重ね、スープを静かに漉す。

24 スープを入れた寸胴鍋を冷水にあてて冷やす。表面に浮いた脂はレードルでとり除く。

25

銅製のパイプをスープに沈め、パイプの中に水を通して、スープを内側と外側から冷やす。冷えたスープは小分けし、冷蔵庫で一晩ねかせる。

26

翌朝、冷蔵庫に一晩おいたスープの表面に白く固まった脂を網でとり除く。脂をたんねんに除くことで、くさみのないクリアなスープに仕上がる。

POINT

最初に入れた豚ゲンコツが焦げつくのを防ぐため、着火後はまず弱火で加熱し、40〜50℃まで水温が上がったところで中火〜強火に。比内地鶏と名古屋コーチンのガラを加え、スープの温度を90℃まで上げていく。その後、赤鶏さつまの胴ガラ、丸鶏、モミジを加え、上限温度を98℃に保つように火加減を微調整。鶏のうまみをじっくり引き出す。魚介は鶏の風味を消さないよう、少量をスープに直接投入。マグロ節以外の魚介は1時間半、マグロ節は5分の加熱で香りとうまみのみをスープに移す。

醤油だれ

加熱処理していない2種の生醤油（群馬県産と和歌山県産）と、食塩水の代わりに生醤油で仕込んだ、もろみ感の強い再仕込み醤油をブレンド。スルメを加えてうまみを補強しつつ、醤油の発酵を止め、香りを立たせるために60〜70℃程度の温度で30分ほど加熱する。火入れ後は3日間ねかせてから使用。仕込みは週に1〜2回の頻度で行う。

麺処 まるはBEYOND
中華そば 醤油

スープ｜中華そば 醤油（麺処 まるはBEYOND）

澄みわたった輝きからの、予想を裏切るほどのうまみの強さ。
豚清湯と魚介だしがバランスよく調和する

　「麺処 まるはBEYOND」は、2013年12月に開業。店主の長谷川凌真さんは、札幌市の人気店「麺処まるは」など2店を営んでいた亡父、長谷川朝也さんの店名を受け継ぎ、新たな自分の店を立ち上げた。常時提供するメニュー4品に対して、スープは5種、香味油は3種用意。メニューはそれぞれ異なる比率で配合するため、まったく違った味わいのラーメンに仕上がっている。

　4品のラーメンのなかで、注文の半分近くを占めるほど人気で、長谷川さん自身も一番好きだというのが「中華そば 醤油」。かつての麺処まるはにも同名の商品があったが、父はレシピを残しておらず、自分なりに模索してつくり上げた味だ。

　動物系スープは豚ゲンコツと豚背ガラを沸かさないように8時間を目安に炊き、一晩ねかせて余分な脂をとり除いた豚清湯。魚介系スープは、えぐみが出ないよう2種のイワシの煮干しとサンマ節を前日からじっくり水に浸けて抽出し、それを強火にかけて沸き立つ寸前に漉した一番だし。2つを合わせたうえ、カツオ節の風味をきかせた煮干し油（152頁参照）をプラスし、香りと重層的なうまみを強調する。クリアなスープとなめらかでコシのある麺の組合せは、店のテーマである「毎日でも食べられる味」そのものだ。うまみを贅沢に重ねながら、突出するものがない渾然とした味わいに、若い長谷川さんの成熟したバランス感覚が表れている。

材料

豚清湯
豚ゲンコツ	20kg
豚背ガラ	20kg
豚肩ロース肉・バラ肉（チャーシュー用）	16本
ショウガ	500g
ニンニク	500g
長ネギ（青い部分）	10本分

魚介系スープ
カタクチイワシ煮干し	1.2kg
ウルメイワシ煮干し	400g
サンマ節	400g

2種の煮干しとサンマ節は水出ししてから加熱する。

豚清湯

下ゆでしない豚骨を約8時間炊く。弱火にかけ表面のアクをこまめにとり続けることで、光るほどクリアな仕上がりに。

1 凍った豚ゲンコツと豚背ガラを直径51cmの寸胴鍋に入れる。下ゆではしない。

2 70ℓの水を注いで強火にかける。沸騰直前までは強火のままでよい。

3 沸騰しそうになったら、ごく細かな泡が出続けるように火を加減する。ここから8時間を目安に炊いていく。

4 アク同士がつながるまで待ってからとり除くようにする。アクとりを繰り返すうち、次第にスープが澄んでくる。

5 4と同時進行で、別鍋に30ℓの湯を沸かし、トッピングの豚バラ肉で巻いた豚肩ロース肉のチャーシューをボイルする。金串をこまめに刺して肉汁が透明になれば、すぐに肉をとり出して休ませておく。

6 4のように鍋が安定した状態で1時間経ってから、5のチャーシューのゆで汁20ℓを加える。すぐにアクが浮くので一度すくっておく。液量は90ℓ弱になる。

7 くらくらと静かに揺れる程度の火加減で30分以上加熱し続ける。引き続きアクをとり、鍋の表面にアクがない状態をキープする。

8 ショウガ、ニンニク、長ネギを入れる。野菜からアクが出てくるので、これを引く。

9

さらに2時間ほど加熱して味を確認し、火を止めて漉す。スープの風味が失われないよう、加熱は9時間以内にする。一晩冷蔵庫でねかせて、翌日浮いた脂を完全にとり除く。

POINT
沸騰させてしまうとアクが次々に出るので、液面が静かでアクが浮いていない状態をキープ。このときは脂はとらず、冷蔵庫でねかせて浮かんだ脂を完全にすくいとると、脂由来のうまみがスープに残る。別鍋で並行して仕込むチャーシューのゆで汁をスープに加え、食材のうまみを無駄なく利用するのもポイントだ。

魚介系スープ

一番だしは「中華そば 醤油」に、二番だしは「中華そば 塩」に、それぞれ違うスープと合わせて使用する。

1

スープをとる前日に、煮干しとサンマ節を直径39cmの寸胴鍋に入れ、15ℓの水を張って一晩（半日）水に浸けてうまみを抽出する。写真は半日経過した状態。

2

ふつふつと白い泡が出るまで強火にかけて、煮干しのうまみを出しきる。沸き立つ寸前に火を止めてすぐに漉し、一番だしとする。

3

漉した煮干しを空の鍋に戻し、75℃の湯4ℓを入れ、くらくらと湯が揺らぐ程度の火加減をキープする。5分ほど炊いてから同様に一気に煮干しを漉すと、二番だしができる。

4

魚介系スープの一番だし（奥）と二番だし（手前）。

饗 くろ㐂
塩そば

スープ ｜ 塩そば（饗 くろ㐂）

加熱温度をコントロールして鶏肉のうまみを抽出。
たれに海、山、湖の6種の塩を用いて「上質」を追求

　和食、洋食の料理人として20年間の経験を積んできた「饗 くろ㐂」の店主、黒木直人さんは、「上質」をテーマとして独創的なラーメンを編み出し続けている。商品は「塩そば」と「味噌そば」（132頁参照）の2本柱に、月1回のペースで入れ替わる限定ラーメンが加わる。塩そばはオーダー率の6割を占める主力ラーメンだが、「つねに調理方法を見直しており、塩そばは2011年6月のオープン当初とまったくの別物になっています」と黒木さんは説明する。

　塩そばは丸鶏からとる清湯がベースになるが、その仕込みで特筆されるのが加熱温度を細部まで管理していることだ。最初に50℃をキープして鶏肉のタンパク質を分解。それから90℃まで加熱して鶏肉、鶏ガラからうまみを抽出するが、「香りが飛ぶのでスープは沸騰させない」と黒木さんは言う。一方、魚介系スープにはグルタミン酸を多く含む昆布とともに、うまみの濃いカツオ本枯節、風味豊かなソウダ節、香り高い花カツオを組み合わせて上質なスープに仕上げる。そこには和食の調理法が随所に生かされているが、「鶏肉はアクもうまみの一部になるため、鶏清湯はあえてアクとりをしないなど、和食の枠から外れた調理方法も採り入れて重層的なラーメンを追求している」と言う。

材料（分量非公開）

鶏清湯
丸鶏（大1羽、小2羽）
モミジ
鶏首ガラ
豚バラ肉（チャーシュー用）
タマネギ
リンゴ
ハクサイ
セロリ
ニンニク
長ネギ
トマト

魚介系スープ
羅臼昆布
干しシイタケの軸
焼きアゴ
サンマ煮干し
カツオ本枯節
ソウダ節（厚削り）
花カツオ

塩だれは、塩6種をブレンド。海（粟国の塩、藻塩、五島の華、ゲランドの塩）、山（モンゴル岩塩）、湖（天日湖塩）とタイプが異なる塩を組み合わせて味わいの幅を広げている。スープには、うまみの本枯節、風味のソウダ厚削り節、香りの花カツオと、役割の異なる3種のカツオ節を用いる。

鶏清湯

50℃で1時間、90℃で4時間、98℃で3時間。鶏肉の食材としての特性を考慮し、湯温を変えながらスープを炊くことによってうまみを引き出している。

1　丸鶏のうまみをスープに溶けやすくするために下処理を行う。足の根元を切り開く。

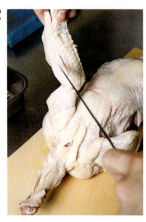

2　手羽の骨と骨の間に包丁を差し込み、切り目を入れる。

3　尾の箇所にも切り目を入れる。

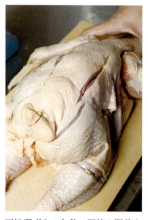

4　下処理ずみの丸鶏。関節や胴体などの皮、肉にバランスよく切り目が入れられている。

5　前夜に冷凍のモミジ、鶏首ガラを寸胴鍋に入れ、解凍しておく。そこに丸鶏を入れ、浄水器に通した水を全体が浸かる程度注ぐ。

6　強火にかけ、食材が均等に混ざり合うように撹拌する。

7　水温が50℃になったら、蓋をして火を弱める。45〜65℃の温度帯でタンパク質が変質するため、1時間ほど50℃をキープしながら食材の中心までゆっくりと加熱する。

8　強火にし、湯温が90℃に達したら火を弱める。90℃を超える温度で長時間炊くと鶏肉の風味が飛んでしまうため、90℃をキープしながら4時間炊き込む。

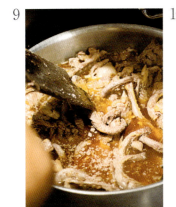

9
「豚肉と異なり、鶏肉はアクもうまみの一部になる」という考えからアクとりはしない。アクが浮いたらスープを撹拌。アクは鶏ガラなどに吸着して次第にスープも澄んでくる。

10
「味噌そば」に用いるチャーシュー用の豚バラ肉を投入する。

11
キャベツの外葉や小松菜の根など、具材に用いる野菜の下処理で余ったものもムダにしない。クズ野菜を乾燥させてから使用することで、グルタミン酸をスープに加える。

12
タマネギ、リンゴは皮つきのまま、1cm幅程度のザク切りにし、ハクサイ、セロリなど他の野菜も細かくカット。豚バラ肉とともに野菜をスープに投入する。

13
豚バラ肉、野菜類を投入したら強火にする。湯温を98℃(静かに沸騰している状態)にキープしながら3時間炊く。

14
スープが炊き上がった状態。強火でがんがん炊き込んでいるわけではないため、具材は野菜なども溶けずに形が残っている。

15
寸胴鍋の蛇口の栓をひねってザルと漉し器を通してスープを漉す。鶏清湯は室温で保管し、翌日の昼から使用する。

魚介系スープ

うまみのカツオ本枯節、風味のソウダ厚削り節、香りの花カツオと、3種のカツオ節を使用。鶏清湯と同様に湯温をしっかりコントロールする。

1　前夜に羅臼昆布、干しシイタケの軸、焼きアゴ、サンマ煮干し、カツオ本枯節、ソウダ節を水に浸し、一晩おいて水出ししておく。

2　翌朝、鍋を中火にかけ、30分程度かけてゆっくりと加熱する。

3　沸騰させるとスープにえぐみが出てしまうため、湯が煮立つ前に火を弱める。

4　かき混ぜるとスープが魚くさくなり、濁ってしまうため、湯温を90℃以下に保ちながら静かに40分炊く。

5　カツオ節の香りをスープに移すため、花カツオをたっぷりと加える。

6　湯温90℃以下をキープし、さらに40分炊く。

7　塩分濃度が適正な0.5%になっているかを確認したあと、ザルでスープを漉す。

8　だしガラが残っているとスープの味が変化してしまうので、さらに漉し器とペーパータオルを通してていねいにスープを漉す。

9

鍋を冷水に浸してスープを急冷する。スープは仕込んだ当日昼から使用し、翌日昼までに使いきる。

POINT

「カツオだしは和食が誇るうまみ」（黒木さん）と考え、魚介系スープに3種のカツオ節を合わせて重層的な味わいを追求。スープを沸騰させず、湯温を90℃以下に保ち、ゆっくりと加熱することで、えぐみを抑えて、濁りのないスープに仕上げる。

スープの仕上げ

スープは加熱し続けると味が変化するため、注文ごとに鶏清湯と魚介系スープを同量ずつ、計350mlになるように手鍋にとり、鶏油20mlを合わせて再加熱する。塩だれは昆布、ソウダ節でとっただしに6種の塩と白醤油、ナンプラーを合わせたもの。

麺処 銀笹
銀笹塩ラーメン

スープ｜銀笹塩ラーメン（麺処 銀笹）

鯛めしにかけて茶漬けにしてもらうことを意識した塩味のスープ。
前日炊いた動物系スープに、魚介系スープを合わせて完成

あっさりとしながらも、滋味深い「麺処 銀笹」のスープは、1日めに動物系スープを炊き、2日めに魚介系スープを合わせて炊いて完成する。もとは日本料理の料理人だった店主の笹沼高広さんは、鯛めしとラーメンとを組み合わせ、ラーメンスープを鯛めしにかけて鯛茶漬けにして食べてもらうという前提で、スープの味わい、とり方を工夫していった。動物系のスープから出る脂分は、ラーメンのスープには欠かせない存在だが、つねに一定量を丼に入れるにはひと工夫が必要になる。同店では、1日めの炊き上げ時に浮いてきた油をすくいとり、その新鮮な脂をその日の営業で1杯ずつ計量しながら使用している。また、チャーシュー用の糸巻き豚バラ肉も、下ゆでを兼ね、スープをとる素材のひとつとして加えている。さらに、炊き上げた動物系スープを一晩冷蔵庫に入れておくと、すくいきれなかった脂が表面に固まってくるので、ザルでとって脂分がほとんどないすっきりした状態にしてから、魚介系スープを加えて加熱する。魚介系スープに関しては、笹沼さんは日本料理の経験が長いため、高温で強火で炊けば濁ってえぐみが出ることは熟知している。そこで、85〜90℃を保ち、弱火で2時間ほど加熱することにより、じわじわとうまみを引き出している。

材料

動物系スープ

鶏ガラ	10kg
豚背ガラ	8kg
鶏挽肉	4kg
豚バラ肉（チャーシュー用）	6本
鶏皮	1kg
長ネギ（青い部分）	12本分
ショウガ	400g
ニンニク	2個

魚介系スープ

日高根昆布	250g
カタクチイワシ煮干し	1.5kg
サバ節、ソウダ節混合	1.5kg
追い昆布（日高根昆布）	15g

塩だれ（約1日分。写真は3日分）

イタヤ貝（乾燥）	100g
干しシイタケ（スライス）	22g
水（イタヤ貝と干しシイタケの戻し汁を含む）	2.7ℓ
赤穂天塩（粗塩）	255g
赤穂あらなみ塩（粗塩）	130g
ミリン（愛知県産「甘強みりん」）	280mℓ
昆布茶	155g

上が日高根昆布で、下がカタクチイワシの煮干し。それぞれネットに入れて、一晩水出ししてから、動物系スープと合わせる。日高根昆布はさらに追い昆布として追加し、うまみを足す。

動物系スープ

沸騰した直後の最初の段階で出てくるアクとりを徹底。脂も除いて、クリアなスープに仕上げる。

1 前日にガラの掃除をすませておく。写真は鶏ガラで、熱湯にさっとくぐらせて霜降りにする。長く熱湯に浸けて火を入れてしまうとうまみが出てしまうので、すばやく行う。

2 すぐに流水で洗いながら血合いなどをていねいにとり除く。豚背ガラも同様に掃除し、中骨についている脂肪をとり除いておく。

3 翌朝、70ℓの寸胴鍋に水55ℓを入れ、火にかける。約1時間後に沸騰してきたら、前日に下処理した鶏ガラと豚背ガラを入れる。

4 さらに鶏挽肉、チャーシュー用の糸巻き豚バラ肉を入れる。

5 約15分後、再度沸騰してきたら、アクをよくすくう。この時点の最初のアクとりが重要で、「アクが地に戻らない」ようにするのがポイント。

6 鶏皮を入れる。

7 長ネギ、ショウガ、ニンニクを入れて、ふたたび沸騰させる。

8 約10分後に沸騰してきたら、さらにアクをすくい、弱火にする。

9
約2時間後、浮いてきた鶏や豚の脂をすくい、キッチンペーパーで漉す。この新鮮な脂を当日使用する。30分後にもう一度アクをすくい、その後はさわらずに弱火で煮続ける。

10
約2時間後、チャーシューのたれを火にかけ、沸騰させる。寸胴鍋からチャーシュー用豚バラ肉をとり出してたれに入れる。

11
朝から6時間煮続けたのち、35ℓの寸胴鍋2本にスープを漉し入れる。氷水を張ったシンクの中に寸胴鍋を入れて冷まし、冷めたら冷蔵庫に入れる。

→ 一晩ねかせる

12
翌朝、冷蔵庫から寸胴鍋に入れた動物系スープをとり出し、表面に固まった脂を網ですくいとる。当日の脂が足りなくなったときに使うので、容器に入れて保存する。

13
昆布と煮干しを水出しした魚介系スープ（28頁参照）を合わせて火にかけ、蓋をする。

14
1時間半後、沸騰直前に蓋をとり、サバ節とソウダ節の混合を入れ、85〜90℃の温度を保つように火を弱める。11時の開店時間に合わせて営業用の16ℓ寸胴鍋に移し、追い昆布をする。

POINT

サバ節、ソウダ節、昆布、煮干しなどの和風だしは、100℃より85〜90℃の温度が一番よく出ると考える笹沼さん。また、昆布は1〜2時間で味が抜けダレてしまうので、1〜2時間で替え、昼の営業中に2回追い昆布（追加の昆布を足す作業）を行う。

魚介系スープ

昆布と煮干しはネットに入れ、一晩じっくり水出しして使用。節類は動物系スープと合わせてから加える。

1

魚介系スープの準備として、前日の営業終了後、日高根昆布とカタクチイワシの煮干しをそれぞれネットに入れ、水出しする。

2

寸胴鍋に水を張り、ネットに入れた昆布と煮干しを入れ、一晩おく。暖かい季節は冷蔵庫に入れ、寒い季節は室温におく。

3

水出しして一晩経った状態。

4

ザルで漉してから、動物系スープと合わせる。

炙りチャーシュー

オープン当初から注ぎ足しているチャーシューのたれを火にかけ、沸騰させる。チャーシューをスープからとり出してたれの中に入れ、表面が乾かないようにキッチンペーパーをかけて約2時間弱火で煮る。チャーシューをとり出し、扇風機の風にあてて冷ます。冷蔵庫で保存し、翌日の営業で使用する。朝スライスしておき、オーダーが入ったら1枚ずつバーナーで炙ってこんがりと焼き目をつけ、ラーメンにのせる。1日に6〜7本を使用するため、毎日仕込む。

塩だれ

2種の粗塩を焼き塩にしてミネラルを凝縮させ、イタヤ貝、干しシイタケ、昆布茶でうまみを出す。

1　乾燥のイタヤ貝の貝柱と、干しシイタケのスライスを一緒に水に浸けて一晩おく。スライスしてある干しシイタケのほうがだしが出やすい。

2　翌朝、いったんザルに上げて水けをきる。戻し汁が塩だれの味のポイントになるので、とっておく。

3　イタヤ貝と干しシイタケをフードプロセッサーにかけて細かくくだく。

4　くだいたイタヤ貝と干しシイタケを容器に移し、戻し汁を計量してから、容器にいったん戻しておく。戻し汁と水で2.7ℓにするには、水を何㎖加えたらいいかを計算する。

5　寸胴鍋に2種の粗塩を入れ、中火でサラサラになるまで乾煎りする。粗さが異なる2種の粗塩を使うことで甘みが引き立ち、焼き塩にすることでミネラルが凝縮し、風味が増す。

6　塩がサラサラになったらいったん火を止め、まず水少量を入れる。塩が高温になっているため、一瞬バーッと沸き立つので注意する。続いて4を全部入れる。

7　4で計算した量の水と、ミリン、昆布茶を加えて、ふたたび火にかける。沸いたら火を止め、7分おいて温度を80℃に下げる。再度弱火にかけ、30分火入れする。冷めたら密閉容器に移し、一晩おいて使用する。

我流麺舞 飛燕
魚介鶏塩白湯

スープ ｜ 魚介鶏塩白湯（我流麺舞 飛燕）

3つのうまみを時間差で積み重ねていく魚介鶏白湯。スープの脂分を抑え、たれと香味油でこくを出す

「我流麺舞 飛燕」の店主、前田修志さんの基本のスープは、鶏白湯をベースに豚骨と2種の煮干しなどの魚介を加えたタイプ。濃く白濁した見た目からは意外なほど、テクスチャーは軽くてさらさらとのどを通っていく。前田さんがイメージしたのは「まろやかで塩分と脂分を抑えた、うまみで飲み干せるスープ」だ。

「魚介鶏塩白湯」は開店時からの看板メニューで、もともとは鶏油を入れず、干しエビのフレークをトッピングしていた。その後、鶏と魚介のうまみをより濃く際立たせるため、鶏ガラの量を増やし、鶏油を加え、エビフレークは丼の底に入れておくことで、じわじわと味が出てくる仕立てに変更。鶏油にはホタテパウダーのエキスを抽出して使うことで（153頁参照）、一体感は保ちながらもうまみをより際立たせる。同時にメンマを穂先タイプに、万能ネギを香りの高い青ネギに、また麺もかんすいの少ないタイプに変更。こうして、原料の鶏首ガラの脂肪をとり去ってつくるスープに、味のエキスとして鶏油を足す、ヘルシー感を突き詰めた現在の形ができあがった。

このスープは、鶏や魚介のクセをまったく感じさせず、分厚いうまみだけが心地よく残って、長くあとを引く。この滋味に惹かれて、お客が入院するにあたって分けてもらおうとポット持参で来店したというエピソードがあるのも、うなずける。

材料

魚介鶏白湯

鶏首ガラ	15kg
豚ゲンコツ	8kg
モミジ	5kg
ショウガ	150g
ニンニク	6個
ジャガイモ	1kg
タマネギ	1kg
米	200g
カタクチイワシ煮干し	800g
サンマ節	500g
ホタテ干し貝柱	35g
干しエビ	35g
日高昆布（20cm）	3枚

魚介系素材のカタクチイワシ煮干し、サンマ節は、頭をとらずに鶏白湯の鍋に直接加える。魚介スープを別鍋でつくるのではなく、ひとつの鍋で最後まで仕上げる方法は、火口の数が少ない厨房で有効だ。また若鶏の皮と脂からとる鶏油にもホタテのパウダーを加えて、香りと味を抽出する。

魚介鶏白湯

鶏白湯と豚骨に対し、野菜や煮干し類を時間差で加え、ひとつの鍋で仕上げていく。

1 鶏首ガラは前日のうちに湯から10分間下ゆでする。脂のついたスジごと、指を使って丁寧にとり除いておく。

2 直径54cmの寸胴鍋に下ゆでして水洗いをした半割の豚ゲンコツ、1の鶏首ガラ、モミジを一度に入れる。鍋に水を張って強火にかける。

3 この時点では、次々に白いアクが出てくる。沸騰しても強火をキープして、アクが一定量たまったらアクとりを使ってとり除く作業を繰り返す。

4 沸騰した状態。写真のように白いアクだけを丁寧にすくいとり、黄色い脂はうまみのもとなのでとらずに残しておくようにする。

5 1時間ほどしてアクが出なくなったら、ショウガとニンニクを入れて蓋をする。(ここからをスープの炊きはじめと考える)。1時間ごとにタイマーをかけ、蒸発したぶんと同じ量の水を足して、鍋の水位を一定に保つ。

6 5から1時間半後の状態。4までで白いアクはとりきったので、ここからはアクとりはほとんど必要ない。蓋をして強火で炊くことで、スープは次第に白濁しはじめる。

7 炊きはじめから3時間後に、ジャガイモとタマネギを入れる。タマネギは香味野菜として、またジャガイモはデンプン質がスープに溶け出すことで、複数のだし材料の味をつなぐ役割をする。

8 続いて米を入れる。米の役割も、ジャガイモと同様。ふたたび1時間のタイマーをかけて蓋を閉じ、時間になったらスープが煮詰まったぶんだけ水を補充する。

9 さらに1時間後(炊きはじめから4時間後)の状態。かなり白濁している。

10 4時間経過したら、カタクチイワシ煮干しとサンマ節、干し貝柱、干しエビ、日高昆布を一度に入れる。ここから8時間までは強火のまま、1時間ごとに水を補充することを繰り返す。

11 5から8時間経ったらこれまでよりやや多めに水を足し、火を中火に落とす。蓋をしないで90分炊いてくさみを飛ばす。火を消して漉し、冷蔵する。

POINT

主原料の鶏ガラから出るうまみは加熱後6時間でピークを迎えるが、鶏の味を下支えする豚骨のうまみを抽出するためさらに2時間炊き、それが味の一体感を生む。途中で加える煮干しの頭をとらないのは、五味のひとつである苦みがスープに加わることで、うまみをより感じやすくなるという考えによるもの。

鶏チャーシュー

「魚介鶏塩白湯」のトッピングの鶏チャーシューは、しっとりした食感で、レモングラスのほのかな香りのする上品な味。低脂肪で健康的なラーメンであっても、肉を食べた満足感をもたせたいと考案した。ジッパーつき調理バッグにあらかじめ皮や脂をきれいにとり除いた鶏ムネ肉、塩だれ、水、粗挽き黒コショウ、レモングラスを入れ(左)、68〜70℃の湯に浸けて空気を抜いて閉じる。温度を保つように火を調節して50分加熱する(右)。

東京スタイルみそらーめん ど・みそ 京橋本店
特みそこってりらーめん

スープ｜特みそこってりらーめん（東京スタイルみそらーめん ど・みそ 京橋本店）

ニンニク香味油がうまみの鍵。注ぎ足し式のスープで仕込み時間の短縮と品質の安定化を両立

　絶対数が少ない味噌ラーメン専門店のなかで、ずば抜けた集客力を発揮し、多店舗展開にも成功しているのが「東京スタイルみそらーめん ど・みそ」だ。店主の齋藤賢治さんは自身がお客として通っていた味噌ラーメン専門店で修業。「週2、3回食べても飽きなかった」（齋藤さん）という修業店の味をベースにしながら、スープやたれなど改善を積み重ねて独自の味噌ラーメンをつくり上げていった。

　注文率8割強の「特みそこってりらーめん」はたっぷりと背脂が浮かんだ濃厚なラーメンだが、後口がもたれず、すっきりとしたスープに仕上げられている。スープは、豚ゲンコツと鶏ガラをベースにした動物系と、煮干しなどを水出しした魚介系をブレンドしたもので、スープづくりで特筆すべきは"注ぎ足し"の手法を採ることだ。前日に残ったスープをメインスープとし、その減り具合に合わせて新しい動物系スープと魚介系スープを注ぎ足す。これにより、スープの仕込み時間が短くてもこくが加わり、仕上がりの品質も安定化する。そのスープに味噌だれ、ニンニク香味油を合わせている。「5種の味噌を融合したたれは、味噌ならではのうまみを引き出しました。生ニンニクをふんだんに用いた香味油と相性がよく、味噌と香味油の相乗効果で個性を打ち出しています」と齋藤さんは言う。

材料

動物系スープ
豚ゲンコツ	10kg
豚背ガラ	5kg
鶏ガラ	10kg
モミジ	5kg
豚足	10本
背脂	20kg
長ネギ（青い部分）	5本分
ニンニク	3個
ショウガ	3個

魚介系スープ
カタクチイワシ煮干し	500g
カツオ節	200g
ソウダ節	200g
サバ節	200g
干しシイタケ	200g
昆布	5枚

メインスープ
前日の残りのメインスープ

1杯当たり70gという多量の背脂を使用。こってりしながらも重たくならないようにするため、厳選した生の国産背脂を仕入れている。

動物系スープ

"注ぎ足し式スープ"で時間がかかる豚ゲンコツなどの炊き込みを大幅に短縮。豚ゲンコツと鶏ガラは2段階に分けてスープに加え、うまみの濃度を均一にする。

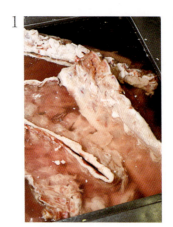

1　豚ゲンコツ、豚背ガラ、鶏ガラ、モミジ、豚足は水に一晩浸しておき、血抜きする。

2　寸胴鍋に湯を注ぎ、背脂を投入。強火にかける。

3　湯が沸騰し、背脂がやわらかくなったら網で背脂を引き上げる。引き上げた背脂はメインスープで使用する。

4　豚ゲンコツと鶏ガラは5kgずつ、豚背ガラ、モミジ、豚足は全量を寸胴鍋に投入。残った豚ゲンコツと鶏ガラは時間をおいてスープに加える。

5　長ネギは長さを半分に切り、ニンニクは繊維に垂直に2等分、ショウガは薄切りにする。

6　円筒形の漉し網に野菜を入れて寸胴鍋の縁にかけ、強火にかける。

7　30分ほどすると湯にアクが浮いてくるので、きれいにとり除く。

8　煮立たせるように強火で加熱し続ける。

魚介系スープ

味噌汁にカツオだしを用いるように、味噌と魚介だしの相性はよいため、改良を重ねるうちに魚介系のうまみを加えるように。

1　カタクチイワシ煮干し、カツオ節、ソウダ節、サバ節、干しシイタケ、昆布を水に一晩浸して水出しする。

2　翌朝、弱火にかけて15分ほど煮出す。スープをシノワで漉し、室温において粗熱をとる。

POINT

当日仕込んだ動物系スープと魚介系スープを、前日のスープに加えてメインスープとする。注ぎ足しのスープづくりの最大のメリットは仕込み作業の軽減。前日から引き継いだメインスープはすでに充分なこくがあるため、新しい動物系スープの仕込みに時間をかける必要がなくなる。また、スープを一からつくり直さずにすむため、できあがりの品質が安定するのも利点である。

メインスープ

前日から引き継いだメインスープに、減ったぶんだけ動物系、魚介系スープを補充。すでに完成したスープをベースにすることにより、品質の安定化を図る。

1　メインスープは前日から引継ぎで使用する。前夜にきれいな寸胴鍋に入れ替え、翌朝、弱火にかけて加熱する。動物系スープで使用した背脂を漉し網に入れて寸胴鍋に入れ、メインスープに溶かす。背脂の量が減ってきたら適宜足す。

2　スープが沸騰しはじめると新たに加えた背脂のアクが浮いてくるので、きれいにとり除く。

3　メインスープを加熱しながら、新たに仕込んだ動物系スープも加熱し続け、メインスープが減ってきたら適宜動物系スープを加える。

4　動物系スープとともに魚介系スープを加える。スープの配合比率は動物系スープ5に対し、魚介系スープ1。

味噌だれ

信州味噌、仙台味噌、八丁味噌、江戸甘味噌、空豆味噌をブレンドし、調味料や香辛料を加えたたれ。味噌の香りとうまみを生かす組合せを探るため、30回以上の試食を重ねて完成させたものを業者に仕様書発注している。味噌だれは外販もしており、約30店の店に卸している。

ニンニク香味油

齋藤さんが「『ど・みそ』ならではの味の決め手になるもの」と位置づけているのがニンニク香味油だ。青森県田子町のニンニクをフレッシュのまま使用し、ショウガ、各種調味料や香辛料、ピーナッツ油とともにミキサーにかける。ニンニクの風味が損なわれないようにするため、香味油のつくり置きはせず、毎日仕込んでいる。

スープの仕上げ

たっぷりの背脂とニンニク香味油を組み合わせたスープは、こってりとした味ながら後口はすっきり。スープの仕上げは、まず丼に味噌だれを入れ、ニンニク香味油、ゴマ、一味唐辛子、ニラの小口切りを投入。メインスープに浸して柔らかくなった背脂を脂流し器に入れ、味噌だれを覆い隠すほどにたっぷりと振り入れる。そこにメインスープを加え、ホイッパーでよく混ぜ合わせてから麺を入れ、具材を盛る。

味噌らぁめん 一福
味噌らぁめん

スープ　味噌らぁめん（味噌らぁめん 一福）

動物系素材から出るアクをていねいに除き、魚介だしを仕上げ直前に加えてすっきりとした味に

　化学調味料などを加えずにマイルドな味わいに仕上げた「味噌らぁめん」が評判の「味噌らぁめん 一福」。1990年に開業して以来、店主の石田久美子さんが毎日1人で仕込むスープは、鶏ガラや豚骨に野菜と魚介系のだしを加えて素材のうまみ、甘みを引き出したやさしい味わいが特徴だ。開業当初、石田さんは鶏と豚骨を別々の鍋で仕込み、煮込み加減を調整していたが、その方法で100杯程度のスープを仕込むと手間がかかるうえに味も安定しなかったため、1ヵ月ほどでひとつの鍋で煮込む方法に変更。鶏ガラ、豚ゲンコツ、豚足、モミジ、背脂のうまみがバランスよく調和する分量、加熱時間を改めて検討し、現在のレシピを完成させた。

　めざすは「毎日食べても飽きない、くせのない味」。そこで、動物系素材にはしっかり下処理を施し、煮込み中もていねいにアクを除去してクリアなうまみに。健康面を配慮し、豚の背脂は配合を少なめにしているが、柔らかく煮込んだあとにシノワで漉して乳化させるひと手間を加えることで、油脂のこくとなめらかな質感を際立たせている。

　煮干しやカツオ節でとる魚介だしは、すっきりとした香味を最大限に生かすため一晩水出しし、さっと沸騰させて香りを立たせてからスープに投入。煮込んで濃度を増した前日仕込みのスープと、魚介の香り豊かな当日仕込みのスープをブレンドし、5種の味噌を合わせたたれの風味に負けないスープに仕上げている。

材料

動物系スープ

豚ゲンコツ	5kg
首つきの鶏ガラ	2kg
モミジ	1kg
豚足	2本
背脂	1kg
長ネギ（青い部分）	2束分
ショウガ	大1個
ニンニク	5個
ニンジン	2本
タマネギ	2個
キャベツ	1/4個
リンゴ	1個
ジャガイモ	2個
しんたま（チャーシュー用）	7～12本

魚介系スープ

カタクチイワシ煮干し	200g
羅臼昆布	50g
干しシイタケ	3個
カツオ節（厚削り）	50g

味噌だれ

信州白味噌A	1kg
信州白味噌B	1kg
信州赤味噌A	1kg
信州赤味噌B	1kg
麦味噌	1kg
醤油	200ml
日本酒	200ml
ミリン	30ml
ショウガ（おろす）	70g
ニンニク（おろす）	100g
一味唐辛子	10g
白ゴマ	10g

動物系の素材は20年以上なじみの肉屋から仕入れる。脂ののったカタクチイワシの煮干し、厚削りのカツオ節、昆布、干しシイタケは国産を使用。

動物・魚介のダブルスープ

豚ゲンコツの髄から出る甘み、鶏ガラのうまみ、モミジと豚足のとろみ、背脂のこくをバランスよく引き出し、野菜の甘み、魚介の香味を加える。

1

動物系素材は前日、下処理を行う。豚ゲンコツはゆでたのち、流水で洗う。鶏ガラはゆでて流水で洗い、内臓をとり除く。モミジはゆでて流水で汚れを洗う。豚足は水洗いする。

2

直径38cmの寸胴鍋の7分目(約50ℓ)まで水を入れ、強火にかける。下処理した豚ゲンコツ、鶏ガラ、モミジ、豚足を投入する。

3

40分ほどして煮立ったスープの表面にアクが浮いてきたら、1時間ほどかけてこまめにとり除く。鍋肌に付着したアクはペーパータオルでふきとる。

4

アクが出なくなったところで、豚の背脂を加え、脂が溶けてやわらかくなるまで3時間ほど煮込む。

5

背脂が溶けてきたらシノワで漉しながらホイッパーで撹拌し、細かい粒状にする。こうすることで脂が乳化し、白濁したマイルドなスープになる。

6

ショウガは皮つきのまま薄切り、ニンニクは半割、ニンジンは斜め切りにする。タマネギは皮をむいて半割、リンゴを皮つきのまま半割に。ジャガイモは半割にする。

7

6の香味野菜を加え、1時間ほど煮て香りと甘みを引き出す。火を止めて室温で一晩ねかせる。

8

カタクチイワシ煮干しを2ℓの水に入れ、一晩おいてうまみを引き出す。

一晩ねかせる

9 一晩ねかせた**7**のスープを翌朝、強火にかける。

10 沸騰してきたらチャーシュー用の豚の「しんたま」（腿肉のなかでとくに柔らかい部位）7〜12本を加える。しんたまは柔らかくなるまで4時間ほど煮たあと、濃口醤油に一晩浸ける。

11 一晩水出しした煮干しに5ℓの水を足して、羅臼昆布を入れて30分おく。干しシイタケを入れて強火にかけ、煮立ったらカツオ節を入れて15分ほど煮て香りを立たせる。

12 **11**の魚介系スープを漉す。

13 しんたまを煮はじめて1時間ほど経ったスープに、漉しとった魚介系スープを加える。当日のスープの完成。

14 完成したスープは営業中はつねに強火で加熱。前日の営業で使った残りの、加熱し続けて濃厚になったスープとブレンドしながら使用する。

POINT

豚ゲンコツ、鶏ガラ、モミジ、豚骨は8時間、野菜は3時間、魚介だしは1時間など、素材のうまみを充分に引き出しつつ、香りや味が飛ばない煮込み時間を素材ごとに調整。背脂は柔らかく煮てからシノワとホイッパーでスープに溶かし込み、白濁したなめらかな口あたりのスープに仕上げる。

味噌だれ

甘めの白味噌と塩けの強い赤味噌を2種ずつ計4種と、独特の甘みのある麦味噌を合わせ、ショウガやニンニク、調味料と一緒に練り合わせて、ふっくらとうまみのあるたれに仕上げる。

1

信州味噌は、風味に奥行きを出すため、異なるブランドの白味噌2種、赤味噌2種をブレンド。麦味噌は甘口で香りのよい長崎県産を使用。5種の味噌を同割で合わせる。

2

鍋に5種の味噌をすべて入れる。

3

2に醤油、日本酒、ミリン、おろしたショウガとニンニク、一味唐辛子、白ゴマを加える。中火にかける。

4

ヘラで底から返すように混ぜながら中火で加熱。味噌がふつふつ沸いてきたら弱火に落とし、30分ほど練って全体に火を入れる。

5
練り上げた味噌は室温において冷ます。保存容器に移し、1日ねかせて味をなじませてから使用する。

スープの仕上げ

味噌だれ30mlを丼に入れ、前日仕込んだ濃厚なスープと当日完成したスープを合わせて約500mlを加えてしっかり混ぜ合わせる。仕上げにニンニク、ショウガ、サラダ油、ラードなどを合わせた香味油を加え、風味のアクセントとする。

麺や庄の
らーめん

スープ｜らーめん（麺や庄の）

豚ゲンコツやカシラ、モミジなどの最適な炊き時間を検証。
食材のうまみを最大限に引き出すスープを編み出す

　2005年の創業当初、「麺や庄の」は"こってり""あっさり"の2タイプの「らーめん」を提供していたが、10年にこってり1本に絞り込んでからは「うまみの深掘り」をひたすらに追求してきた。「豚ゲンコツだけでも8ヵ国の産地のものを試しましたが、欧州産は豚の骨が華奢で、南米産は国産以上に髄の量が豊富であることがわかった」と、店主の庄野智治さん。麺や庄ののスープは、動物系スープと魚介系スープを合わせるダブルスープ。動物系スープは2日がかりで炊き上げており、そこに用いる豚ゲンコツ、豚カシラ、モミジ、豚背ガラなどは、食材ごとにうまみをもっとも抽出できる炊き時間を検証。それをもとに食材のうまみを最大限に引き出すスープレシピを編み出した。

　動物系スープの進化に合わせ、合わせる魚介系スープも改善を重ねた。以前の魚介系スープはサバ節とカツオ節がメインだったが、香りが強く、濃厚なこくの動物系スープと個性がぶつかっていた。そこで13年に煮干しスープへと変更。脂がのったカタクチイワシと淡白なマイワシの煮干しを合わせ、昆布、どんこの干しシイタケとともにだしをとる。さらに煮干しを加えて2段階でスープを仕上げることで動物系スープを受け止められる力強いスープをつくり上げている。

材料

動物系スープ

豚ゲンコツ	30kg
豚カシラ	10個
モミジ	10kg
豚背ガラ	5kg
背脂	5kg
マイワシ煮干し	1.5kg
サバ節	2kg
キャベツ	2個
ニンニク	1kg
タマネギ	10個
長ネギ（青い部分）	10本分

煮干しスープ

カタクチイワシ煮干し	600g
マイワシ煮干し	600g
昆布	120g
干しシイタケ	120g
追い煮干し	
カタクチイワシ煮干し	600g
マイワシ煮干し	600g

醤油だれ

日本酒	43.2ℓ
ミリン	21.6ℓ
マイワシ煮干し	2.4kg
ウルメイワシ煮干し	2.4kg
昆布	240g
スルメイカ	12枚
干しシイタケ	600g
サバ節	1.8kg
カツオ節	600g
ソウダ節	600g
ショウガ	1.8kg
淡口醤油	10.3ℓ
だし醤油	500mℓ
たまり醤油	500mℓ

国産を含む8ヵ国の食材で試作を重ねた結果、カシラは国産、ゲンコツは髄の量が豊富な南米産を選択。煮干しスープには煮干し2種、昆布、どんこの干しシイタケを使い重層的なうまみを追求している。

動物系スープ

動物系スープは2日をかけて仕込む。豚ゲンコツ、豚カシラは10〜14時間炊き込んでうまみを最大限に抽出。そこにモミジ、背脂などの食材を順次加えていく。

1

凍った豚ゲンコツ、豚カシラを直径60cmの寸胴鍋（寸胴A）に入れる。「うまみが流れる」という考えから、水洗いなどはせず、熱湯をひたひたになるまで注いだら強火で加熱する。

2

沸騰するまでの時間は90〜120分。湯が沸き立ったら軽く火を弱める。アクが一気に浮いてくるため、アクとりをする。

3

沸騰した状態を維持しながら、強火でおよそ6時間炊き続ける。開店前の10時前後に炊きはじめ、昼の営業終了後、16時前後に火を落とし、一晩ねかせる。

一晩ねかせる

4

翌日の朝7時、豚ゲンコツ、豚カシラが浸るまで熱湯を足す。寸胴鍋の内側側面についたアクを布巾で拭きとってから、強火で再加熱する。

5

沸騰するとふたたびアクが浮いてくるため、ていねいにとり除く。

6

スープ完成量は約100ℓにおよぶため、寸胴鍋2個を使ってスープを並行調理する。別の寸胴鍋（寸胴B）にモミジを入れて鍋の2分の1まで熱湯を注ぎ、強火で加熱する。

7

寸胴Aの中の食材、スープを順に寸胴Bに移す。寸胴Bが沸騰したら、まず豚カシラを寸胴Bに移し替える。

8

検証の結果、豚背ガラは炊き時間3時間がもっともうまみがスープに溶け込むことが判明。スープ完成の3時間前にあたる12時間前後に豚背ガラと背脂を寸胴Bに投入する。

9

マイワシ煮干し、サバ節を寸胴Bに加える。煮干しは炊き時間が長くなるとえぐみが出るため、スープ完成の2時間前（13時間前後）を目安に投入する。

10

煮干しとともに野菜を寸胴Bに加える。キャベツは6等分、ニンニク、タマネギは2等分にカットし、長ネギの青い部分とともにスタンバイしておく。

11

スープの炊き上がり1時間前に寸胴A、Bを合わせる。寸胴Aの豚ゲンコツをスコップですくって寸胴Bに移したあと、手鍋を使ってスープを寸胴Bに移す。

12

昼の営業終了後、15時前後にスープの火を落とす。豚ゲンコツや豚カシラなどの溶け残った骨をハンドミキサーで粉砕。スープを乳化させ、骨に残った髄のうまみなどを溶け込ませる。

13

スープをザルで漉す。完成したスープは室温で一晩ねかせ、翌日から使用する。液体熟成させ、メイラード反応を促すことで、スープのうまみや風味を高めている。

POINT

豚ゲンコツ、豚カシラは10〜14時間、モミジは6時間、豚背ガラは3時間など、食材ごとにうまみをもっとも抽出できる炊き時間を検証。スープの炊き上がり時間から逆算して各食材の投入時間を設定することで、食材のうまみを最大限に引き出したスープに仕上げている。

煮干しスープ

カタクチイワシとマイワシの2種の煮干しをふんだんに用いた魚介だし。煮干しを2段階に分けてスープに投入し、温度管理を徹底してうまみを引き出す。

1 昼の営業後の16時前後からカタクチイワシとマイワシの煮干し、昆布、干しシイタケを寸胴鍋に入れ、冷水18ℓを注ぐ。一晩おいて水出しする。

2 翌朝、鍋を強火にかける。沸騰したら弱火にしてアクをとり除き、温度を95℃に保ちながら約20分炊く。

3 ザルで漉す。だしガラなどは廃棄している。

4 寸胴鍋を冷水に浸し、スープを急冷する。

4 スープが冷めたらカタクチイワシ煮干し、マイワシ煮干しを新たに投入。一昼夜おいてうまみを抽出する。

5 翌朝、強火にかける。スープが煮立ったら弱火にし、温度を95℃に保ちながら約10分炊く。

6 ザルで漉して完成。煮干しスープは仕込んだ当日のランチから使用し、翌日のランチまでに使いきる。

POINT

煮干しは長時間炊くと苦みが出るため、水出しに充分な時間をかける。だしをとったあと、さらに煮干しを加え、2段階で煮干しのうまみを抽出することによって、濃厚な動物系スープをしっかりと受け止められる力強いスープに仕上げている。

醤油だれ

淡口醤油をベースにしながら、たまり醤油を足すことで味の厚みを増す。煮干し類は酒、ミリンに一晩浸けてうまみを抽出し、風味を生かしたい節類は加熱直前にたれに加える。

1 日本酒、ミリンは、火にかけてアルコールを飛ばしてから、冷やす。マイワシとウルメイワシの煮干し、昆布、スルメイカ、干しシイタケを入れ、一晩おく。

2 翌朝、サバ節、カツオ節、ソウダ節を加える。煮干し類は一晩浸けてうまみをしっかりと抽出する一方、節類は香りを生かすため加熱の直前に入れる。

3 ショウガは皮ごと5mm幅の薄切りにして加える。

4 醤油は淡口醤油が主体。品質の安定化を図るために既製品のだし醤油も加える。

5 1年半かけて発酵熟成させたたまり醤油「濁り醤」を2014年に導入。淡口醤油にたまり醤油を合わせることで味の厚みが増す。

6 中火で約2時間炊く。1時間ねかせて粗熱をとってから漉し、ポリタンクに移す。冷水に浸して急冷する。

スープの仕上げ

手鍋に動物系スープ200mlと煮干しスープ150mlを合わせて火にかける。醤油だれ、煮干し油(153頁参照)を加えてホイッパーでしっかりスープと混ぜ合わせ、沸騰したら仕上げに花カツオの粉末をふる。

麺処 ほん田
濃厚豚骨魚介らーめん

スープ｜濃厚豚骨魚介らーめん（麺処 ほん田）

一番スープと二番スープ、魚介だしと豚挽肉のスープ。
素材のうまみが凝縮したスープを合わせて濃厚な味わいに

　本田裕樹さんは2008年2月に弱冠21歳で「麺処 ほん田」(以下、ほん田)を開業。東京・東十条という都心部から離れた立地ながら、すぐに行列のできるラーメン店へと成長を遂げると、12年にはネクストブランド「麺処 夏海」、「麺処 ほん田 niji」を立て続けに出店した。

　ほん田は豚骨ベースの"こってり"とした濃厚豚骨魚介ラーメンとつけ麺、鶏ガラベースの"あっさり"とした醤油味と塩味の「中華蕎麦」(140頁参照)という4種のラーメンをメニューの柱としている。"こってり"は看板商品であるつけ麺のうまみを追求してブラッシュアップを重ねてきたスープである。豚ゲンコツ、豚カシラをふんだんに用いたスープづくりの骨格は創業時から変えていないが、「たんに"こってり"といってもそれぞれの食材のうまみが立った"素材感"を重視したスープがラーメン業界の潮流になっている」と本田さんは言う。動物系スープは一番スープ、二番スープと調理を2段階に分けて豚骨、鶏ガラ、サバ節など食材のうまみを凝縮。それに合わせる魚介系スープは白口、青口というタイプが異なる2種のカタクチイワシ煮干しを使い分け、煮干しの風味が生きた"こってり"ラーメンに仕上げている。

材料

動物系スープ

豚ゲンコツ	20kg
豚カシラ	3個
豚バラ肉(チャーシュー用)	10kg
ニンニク	4個
モミジ	24kg
豚足	4kg
豚背ガラ	2kg
背脂	1kg
豚肩ロース肉の脂	適量
鶏皮	2kg
魚介だしガラ	適量
カタクチイワシ煮干し(青口)	1kg
サバ節	700g
ソウダ節	300g
カツオ節(本枯節)	300g

魚介系スープ

カタクチイワシ煮干し(青口)	300g
カタクチイワシ煮干し(白口)	300g
サバ節	300g
サンマ節	100g
豚挽肉	1kg
前日に仕込んだ魚介系スープ	適量
豚バラ肉(チャーシュー用の端材)	適量

スープのうまみの核となる豚のゲンコツとカシラは国産のチルドを使用。髄の量がスープのこくにつながるため、「太いゲンコツを選んでいる」と本田さん。

煮干しは瀬戸内産の白口(写真手前)と九十九里産の青口(奥)。味わいが淡泊な白口とうまみは強いがクセがある青口を合わせて風味のバランスをとっている。

動物系スープ

スープの仕込み量はおよそ150食分。ひとつの寸胴鍋ではつくりきれない量のため、一番スープ、二番スープを仕込み、それを合わせて仕上げる調理手順を考案した。

1

一番スープをつくる。寸胴鍋に豚ゲンコツ、豚カシラを入れて水に浸し、一晩おいて血抜きする。豚ゲンコツ、豚カシラはともに半分にカットされたものを仕入れている。

2

血抜きした水を捨て、ふたたび寸胴鍋の8分目まで熱湯を注ぐ。

3

強火にかける。沸騰するまで約1時間、湯が沸き立つにつれてアクが浮いてくる。

4

沸騰するとアクが一気に浮いてくるため、アクとりできれいにとり除く。

5

チャーシュー用の豚バラ肉を生のまま、ニンニクを丸ごとスープに投入する。

6

湯が再沸騰すると豚バラ肉のアクが浮いてくるため、再度アクをとり除く。

7

蓋はせず、強火にかけてぼこぼこと湯が沸き立った状態でスープを炊く。

8 豚バラ肉は2時間炊き、中まで火が通ったらとり出す。

9 豚バラ肉をとり除いてからさらに1時間30分炊き、モミジの半量、豚足、豚背ガラ、背脂を投入する。

10 チャーシュー用の豚肩ロース肉の下処理でカットした脂身(115頁手順1参照)も投入し、スープに脂肉のうまみを加える。

11 水位が下がったぶんだけ湯を注ぎ足す。食材が均等に混ざるように木ベラで撹拌し、さらに強火で3時間30分炊く。

12 手鍋でスープを汲み上げ、シノワで漉しながら別の寸胴鍋にスープを移す。

13 一番スープが完成。寸胴鍋を冷水に浸してスープを急冷する。

14 スープを漉したあとに残るだしガラを、別の寸胴鍋にとりおく。豚ゲンコツや豚カシラなどのだしガラにもまだエキスが残っている。

15 二番スープをつくる。だしガラを一番スープを炊いた寸胴鍋に移して熱湯を注ぐ。

16
残りのモミジ半量と鶏皮半量を加える。

17
寸胴鍋の8分目まで熱湯を注ぎ、強火にかける。

18
一番スープのだしガラが底に沈んでいるため、木ベラでだしガラをかき上げるようにして鍋の中を撹拌し、だしガラ、モミジ、鶏皮を均等に混ぜ合わせる。

19
沸騰してアクが出てきたらとり除く。1時間ほど炊いたら、ゲンコツをトングでつまみ、木ベラにトントンと当てて骨の中の髄をスープに落とす。髄を抜いた骨もスープに戻す。

20
動物系スープの仕上げに使用した魚介のだしガラ（55頁手順29参照）と、魚介系スープのだしガラ（56頁手順8参照）を加える。

21
魚介のだしガラを加えるとスープの濃度が高くなり、底が焦げやすくなるため、木ベラで10分おきにかき混ぜる。

22
強火にかけてぽこぽこと湯が沸き立った状態で1時間30分炊く。一番スープと同じように手網で漉しながら別の寸胴鍋に移し、寸胴鍋を冷水に浸して急冷する。

一晩ねかせる

23

翌朝、一番スープ、二番スープをそれぞれ強火にかける。

24

二番スープの寸胴鍋に残りの鶏皮半量を加える。

25

カタクチイワシ煮干し（青口）、ネットに入れたサバ節、ソウダ節、カツオ節も加える。

26

一番スープが沸いたら手鍋で汲み上げ、二番スープの寸胴鍋に移し替える。強火で1時間炊く。

27

魚介だしの材料がしっかりとスープに浸るように木ベラで10分おきにスープをかき混ぜる。

28

魚介だしが入ったネットを引き上げる。ネットはシノワに入れ、手鍋で押してしっかりとスープを絞りとる。

29

とり出した魚介だしの材料は別の寸胴鍋に移しておき、午後に仕込む二番スープで再利用する。

30

手鍋でスープを汲み上げ、シノワで漉しながら別の寸胴鍋に移して完成。営業中、スープはとろ火にかけて温めておく。

魚介系スープ

煮干しを主体とした魚介だしに豚挽肉でつくるスープを加えてこくをプラス。
一番だしをとっただしガラもうまみがまだ残っているため動物系スープで再利用する。

1　小ぶりな寸胴鍋にカタクチイワシ煮干し（青口・白口）、サバ節、サンマ節を入れ、水に一晩浸して水出しする。

2　翌朝、寸胴鍋を弱火にかける。沸騰させると魚介のえぐみが出るので、湯は煮立たせないようにする。

3　魚介系スープにこくを加える豚挽肉のスープをつくる。鍋に豚挽肉を入れる。弱火にかけながら、前日の魚介系スープを注ぎ、肉をほぐしてのばす。

4　チャーシュー用豚バラ肉の端材を加えて15分炊く。

5　豚挽肉のスープをシノワで漉す。

6　魚介系スープを弱火で2時間ほど炊いてから、豚挽肉のスープを注ぎ足す。

7　さらに弱火で15分炊いたのち、スープを漉す。

8　だしガラは、まだうまみが残っているのでとりおき、動物系スープの二番スープをつくる際に再利用する。

9 寸胴鍋を冷水に浸してスープを急冷する。

10 魚介系スープは室温で保管し、仕込んだ当日に使いきる。魚介の香りが飛ばないよう、注文ごとに手鍋に入れて再加熱している。

POINT

魚介系スープの味の決め手になるのがカタクチイワシ煮干し。味が濃い青口と淡泊な味の白口の2種の煮干しを使い、充分にうまみを引き出しながら、えぐみを抑えたスープに仕上げている。また、「手揉み中華蕎麦」(141頁参照)などに用いる清湯に合わせる際、「うまみの補強」を図るために豚挽肉からとったスープを魚介系スープに加えているのも特色である。

醤油だれ

「麺処 ほん田」ではラーメンの特性に合わせて醤油だれだけで3種を用意。「濃厚豚骨魚介らーめん」の醤油だれは淡口醤油をベースにして、そこに濃口醤油、酒、ミリン、酢、ハチミツを合わせる。醤油の角をとり、まろやかな風味の醤油だれにすることで、濃厚なスープのこくを引き立てている。

らぁ麺 胡心房
味玉らぁめん

スープ｜味玉らぁめん（らぁ麺 胡心房）

動物系と魚介系を合わせた独自の「お魚とんこつ」スープ。
一晩冷蔵して除いた脂を、一定量スープに戻して提供

　2005年5月に東京・町田にオープンした「らぁ麺 胡心房」の基本のラーメンは、店主の野津理恵さんが呼ぶところの「お魚とんこつ」スープ1種、塩だれと醤油だれの中間的なたれ1種を使用している。そこに、季節限定商品やヘルシーセットなどの変わり種的な商品を適宜加え、バリエーションを出している。

　同店の前身は、東京・稲城で野津さんの両親がオープンした「虎心房」で、当時は比内地鶏を使った透き通った醤油スープと、「白湯三骨（パイタンさんこつ）」スープと呼んだ、牛、豚、鶏の3種の骨を使った白く濁ったスープをつくっていた。両方の商品に常連客がついてきていたが、区画整理のために移転を余儀なくされた。縁あって現在地で新たなスタートを切ることになった際、野津さんは動物系と魚介系の2つのスープの「いいとこどり」をしたスープに変えることにした。

　「2種のスープをつくっていて勉強にはなったのですが、2種あることが確実によいわけではないので」と野津さんは語る。現在のスープは、豚骨系と魚介系の素材を使い、1日めの水出し、2日めの約10時間かけての炊き上げ、3日めの脂抜きとゼリー状に固まったスープの撹拌という工程を経て完成する。いったん固まった脂分をとり置き、あとから再度加えることで、一定量の脂分が入ったスープが提供できる。

材料

魚介だしA
カツオ本枯節（塊）	100g
丸サバ節	200g

魚介だしB
アジ煮干し	200g
イワシ煮干し	150g
干しシイタケの軸	150g

メインスープ
豚ゲンコツ（一次加工した冷凍ガラ）	8kg
豚カシラ	1.6kg
豚皮	2kg
脂挽き（豚の背脂を粗く挽いたもの）	3kg
長ネギ（青い部分）	400g
ニンニク（横半分にカット）	2個
ショウガ（繊維を切るようにカット）	90g
ニンジン	1本
キャベツ	300g
白菜の芯（冬のみ。夏はキャベツの量を増やす）	250g
セロリの葉	適量
赤唐辛子	5本
タマネギ	2個
花山椒	0.5g
コショウ	2.5g

適宜に割ったカツオ本枯節と、頭を除いた状態の丸サバ節（上写真）。動物系材料には豚のゲンコツ（下写真・右下）、カシラ、皮のほかに、背脂を粗挽きにした"脂挽き"（下写真・左上）を加えるのが特徴。

豚骨魚介スープ

動物系・魚の節類は朝から炊き、30分ごとに水を足す。
夜の営業中に野菜と煮干し類のだしを加え、全体が調和したかは香りで判断。

1

魚介だしAの材料をボウルに入れて水に浸け、室温で一晩おく。カツオ本枯節は、厚削りよりうまみと風味がスープにしっかりまとわりつくよう、塊状に粉砕したものを使う。

2

魚介だしBの材料を鍋に入れて水に浸け、水出ししておく。浮かないように重しをのせ、冷蔵庫に入れておく。冷凍ガラも翌日分を冷凍庫から出し、室温で解凍しておく。

一晩おく →

3

85ℓの寸胴鍋に解凍したガラと豚皮を入れ、50ℓの水を加え、朝10時から炊きはじめる。沸騰直前からアクとりを開始し、水出ししておいた魚介だしAと、脂挽きを同時に加える。

4

沸騰したら蓋をして8時間炊く。タイマーをかけて必ず30分ごとに水を足し、かき混ぜる。水を足したあとはしばらく火を強める。

5

8時間後、いったん火を全開にし、スープ用の野菜を入れる。

6

さらに20分後、水出ししておいた魚介だしBを火にかけて、沸騰直前にスープに加える。

7

全体を混ぜて蓋をし、3分のタイマーをかける。魚と豚骨の匂いが調和する瞬間を嗅ぎ分けて完成と判断し、火を消す。花山椒とコショウを入れて、炊き上がり。

8

ガラや節類、野菜類などを柄つき網ですくいとり、スープを手鍋で寸胴鍋3本にシノワで漉しながら移す。

9

3本の寸胴鍋をシンクに入れて水を張り、粗熱をとりながらスープの中の細かな残りカスを手網でとり除く。寸胴鍋1本につき5〜7分かけて繰り返し、きれいなスープに仕上げる。

10

表面に脂が固まってくる前に9の作業を終わらせ、シンクに氷を入れてさらに温度を下げ、きれいな脂の層をつくる。上部に脂の層ができはじめ、全体が冷えたら冷蔵庫に入れる。

一晩ねかせる →

11

翌朝に、スープの表面に固まった脂の層を別の容器に移す。寸胴鍋の上部から、脂の層、茶色いうまみ成分の層、スープという順になっており、うまみ成分の層はスープに残す。

12

スープの層もゼリー状に固まっており、上部と下部では成分が異なるので、ホイッパーで全体をよく撹拌して均一にする。

13

オーダーごとに小鍋にスープ300mlをとって温め、とり置いた脂20mlを戻す。これにより、脂の量が一定なスープとして提供できる。脂は湯煎のようにして透明な状態にしておく。

POINT

じわじわとうまみが出るカツオ本枯節と丸サバ節は朝から鍋に加え、苦みを出したくない煮干し類は仕上がり間近にスープに加える。煮干しのはらわたにも独自のうまみがあるので、とらずに丸ごと使用する。

麺屋 藤しろ
濃厚鶏白湯ラーメン

スープ｜濃厚鶏白湯ラーメン（麺屋 藤しろ）

鶏のうまみを凝縮し、こうばしさを加えた鶏白湯。
濃厚でいて、さらりとしたのど越しがあとを引く

　鶏白湯といえば、ポタージュのようにとろりと濃厚なスープを出す店が多いなか、「麺屋 藤しろ」の店主、工藤泰昭さんがめざしたのは「濃厚でいて、さらりと飲みやすく、最後まで飲み干したくなる1杯」。口あたりが重くなりすぎないよう、コラーゲンの多いモミジや豚足は用いず、大山どりの丸鶏や胴ガラ、首ガラをベースに牛骨、牛スジ肉、香味野菜を加えて、深みがありながらもキレ味のよいスープに仕上げている。

　味のベースを形づくる丸鶏や鶏ガラ、牛骨は、うまみがピークに達するまで約8時間強火で加熱。牛スジ肉はフライパンでしっかりと焼き色をつけてから投入することにより、肉のうまみ、脂の甘みとともに、こうばしい香りを付与する。肉をソテーして加える手法は、フレンチや洋食の修業時代に学んだ「フォン・ド・ヴォーの仕込み方法がヒントになった」と工藤さん。牛スジ肉は6時間煮込み、クリアなうまみを引き出している。

　一方、野菜類は鶏の風味を邪魔しないよう、ニンニク、タマネギ、ショウガのみを使用。ニンニクは3時間、タマネギ、ショウガは2時間煮込んでそれぞれの香りを際立たせ、動物系素材のくさみをマスキングしている。また、長時間、強火で煮込むと風味が飛んでしまう魚介系素材をスープに加えていないのも同店の特徴。カツオ節やサバ節、昆布は、干しシイタケとともにかえしに加え、丼の中でスープと合わせた際にふわりと魚介が香る仕立てとしている。

材料

鶏白湯
鶏首ガラ	20kg
鶏胴ガラ	40kg
丸鶏（大山どり・親鶏）	1羽
丸鶏（種鶏）	半羽
丸鶏（廃鶏）	約5kg
仔牛ゲンコツ	1kg
牛スジ肉	2kg
ニンニク	13個
ショウガ	1.7kg
タマネギ	16個

かえし
サバ節	500g
カツオ節（厚削り）	500g
カタクチイワシ煮干し	650g
真昆布	300g
干しシイタケ	200g
ニンニク（皮つきのまま3等分に切る）	2個
ショウガ（皮つきのまま薄切りにする）	300g
淡口醤油	11ℓ
濃口醤油	1.8ℓ
日本酒	2.2kg
ミリン	2.2kg

香味油
タマネギ（みじん切り）	4個
白絞油	適量
ニンニク	170g
ショウガ	300g

丸鶏は毎朝、フレッシュな状態で届く大山どりの親鶏を使用。種鶏と廃鶏はだしが出やすいように半割にしたものを仕入れている。仔牛のゲンコツは髄の甘みを加える目的で使用。牛スジ肉はフライパンでこうばしく炒めてから鍋に投入する。

鶏白湯

大山どりの丸鶏や鶏ガラを骨がくずれるまで煮込み、仔牛ゲンコツの甘み、炒めた牛スジ肉のこうばしさ、野菜の香味をプラス。濃厚でいて後味のよい鶏白湯に。

1 流水で洗って血や内臓を除いた鶏の首ガラと胴ガラを直径60cmの寸胴鍋に入れ、鍋の130ℓの目盛りまで水を加える。首ガラを加えるのは、脂肪が多い部位でこくを出すため。

2 1の鍋に大山どりの丸鶏、半分にカットした種鶏と廃鶏、流水で洗った仔牛ゲンコツを加えて強火にかける。火加減は最後まで強火をキープ。

3 1時間ほどして凝固した血液などが浮き上がってきたら網で漉しとる。

4 鍋の底から返すように木ベラで混ぜ、ガラに付着した血合いなどを浮き上がらせる。浮いてきたアクはとり除く。

5 4の作業を1時間の間に4〜5回行い、そのつどアクを除く。このとき、アクをきれいにとりすぎるとうまみまで失われるため、色の薄いアクや白い泡は残す。

6 フライパンに牛スジ肉を入れ、強火にかける。肉を押しつけながら焼き、全体に焦げ色をつける。

7 6のフライパンに5のスープを注ぎ、付着した肉や肉汁をこそげとる。肉と汁をスープの鍋に加える。

8 灰色のアクが出なくなったら鍋に蓋をする。20〜30分に1回、木ベラでガラをたたいてくだく作業を行いながら、水量が100ℓ程度になるまで約3時間煮込む。

9 加熱を開始してから約5時間後。皮つきのまま水平に3等分に切ったニンニクを鍋に加える。香りが飛ばないよう、ショウガとニンニクはあとから加える。

10 スープのできあがりの量と濃度を調節するため、120ℓの目盛りまで水を加える。

11 加水後40分ほど煮てから、皮つきのまま薄切りにしたショウガ、繊維を切るように薄切りにしたタマネギを鍋に加える。

12 ショウガとタマネギを加えてから約1時間後、スープが煮詰まり、適度な濃度になったら火を止める。

13 まず粗めのザルでスープを漉す。ザルに残った骨などを鍋で押さえてスープを絞り出す。

14 シノワで再度漉して細かいスジや骨のかけらなどを除く。シノワに残った骨などを鍋で押さえてスープを絞りきる。

15 スープを入れた容器を水にあてて冷やす。充分に冷えたら冷蔵庫に入れ、一晩ねかせて味を落ち着かせる。

POINT

素材のうまみや香りがもっとも際立つタイミングに仕上がるよう、丸鶏とガラ、仔牛のゲンコツは8時間、牛スジ肉は約4時間、ニンニクは2時間、ショウガとタマネギは1時間と時間差をつけて煮込む。火力はつねに全開。途中で数回ガラなどを木ベラでたたいてください、鶏の骨などに含まれるうまみをしっかりと抽出する。

かえし

煮干しと節類、昆布、干しシイタケのうまみをきかせ、2種の醤油を合わせてキレ味よく。魚介系の香味豊かなかえしが、鶏のうまみを凝縮したスープに奥行きを与える。

1　鍋にサバ節、カツオ節厚削りとカタクチイワシの煮干し、真昆布、干しシイタケの割れ葉を入れる。

2　皮つきのまま、水平に3等分にカットしたニンニクと薄切りにしたショウガを加える。

3　淡口醤油を加える。白濁した鶏白湯の色を生かすため、醤油は淡口をメインに使用。香りやうまみを出すため濃口を2割程度加える。

4　日本酒、ミリンを加え、中火にかける。

5　ふつふつと沸いてきたら全体を混ぜ、沸騰する直前で火を止める。そのまま丸1日おいて味をなじませる。

POINT

骨などをつぶしてスープを漉しとる鶏白湯に魚介系素材を加えると、雑味が出て味がぶれやすく、香りも飛んでしまうため、カツオ節、昆布などはかえしに加えて味と香りを生かす。鍋に材料をすべて入れ、沸騰寸前まで温めて醤油の香りを立たせたあとは、室温に1日おき、魚介の風味をしっかり引き出す。

香味油

タマネギ、ニンニク、ショウガをじっくり焦がし、甘みと香り、こうばしさをまとわせた香味油を加えて、ひと口めからインパクトのあるラーメンに。

1 みじん切りにしたタマネギを鍋に入れ、タマネギと油の高さが1対1になる程度まで白絞油を注ぎ入れて強火にかける。

2 油が温まったら中火に落とす。タマネギが焦げつかないようにときどき混ぜ、全体がキツネ色に色づくまで30分ほど加熱する。

3 ニンニクとショウガの皮をむいてフードプロセッサーにかけ、粗めのみじん切りにしたものを鍋に加える。

4 ショウガやニンニクが鍋底について焦げつかないよう、つねに混ぜながら中火で加熱する。

5 20分ほどでキツネ色よりも一段濃い色に。狙いの焦げ色、香りになるまで、混ぜ続けながら加熱を続ける。

6 5から3〜5分後。全体が濃い茶色になったら火を止め、余熱でそれ以上火が入らないよう鍋を流水にあてて急冷する。

POINT

タマネギを強火で加熱すると色むらが出るため、油が温まったら中火に落とし、ゆっくり時間をかけて均一に火入れする。ニンニクとショウガを投入したあとは、焦げつかないよう混ぜ続け、全体が濃い茶色になったら、余熱で焦げすぎないようにすぐに水にあてて冷ます。

麺劇場 玄瑛 六本木店
XO醤薫イベリコの玄瑛流ラーメン

スープ｜XO醤薫イベリコの玄瑛流ラーメン（麺劇場 玄瑛 六本木店）

豚骨を使わず、肉からスープのうまみをとる。
深みある香りを添える自家製XO醤も注目

　無添加・無化学調味料のスープと自家製の多加水麺で豚骨ラーメンの新境地を切り拓いた「麺劇場 玄瑛」福岡本店。店主の入江瑛起さんは既製の型にはまらないラーメンづくりにつねにチャレンジし続けているが、六本木店でも福岡本店とはタイプがまったく異なるラーメンで勝負を挑んでいる。

　「XO醤薫イベリコの玄瑛流ラーメン」の一番の特色はスープに豚骨をいっさい用いていないことだ。「ゲンコツは骨ではなく、髄からスープのうまみをとるわけですが、髄よりも肉そのもののほうがうまみは断然濃い。だから、フランス料理では肉からスープをとっており、その技をラーメンに応用しようと考えました」と入江さんは説明する。豚肉は「脂身の甘みがずば抜けている」（入江さん）というイベリコ豚の挽肉を使用。国産豚の豚足と一緒に炊き上げるが、豚足はスープにコラーゲンを加えて乳化を促してうまみの濃度を上げる役割を果たしている。スープは圧力鍋で炊くことで仕込み時間を大幅に短縮。さらに濃縮スープに仕上げて品質管理の効率化を図っていることも注目される。スープには醤油だれとともに、干しエビ、干し貝柱を使った自家製のXO醤を合わせて深みある香りを添えるなど、随所で個性を追求している。

材料

イベリコ豚の濃縮スープ

豚足	3kg
イベリコ豚の挽肉、脂身	1kg
タマネギ	1個
ニンジン	80g
ショウガ	40g
ニンニク	40g
長ネギ（青い部分）	3本分
ジャガイモ	1個

イベリコ種100％純血のイベリコ豚がスープの味の決め手。ドングリを食べて育ったイベリコ豚は脂身の甘みが格段にすぐれる。豚足はスープの乳化のために使用している。

野菜は香味野菜の他にジャガイモを使用。ジャガイモは男爵芋を選択。ポタージュのようにスープの乳化が促進され、ジャガイモの甘みが加わる。

イベリコ豚の濃縮スープ

豚骨ではなく、イベリコ豚の挽肉と脂身からうまみを抽出して濃縮スープをつくる。オーソドックスなスープとは調理工程が大きく異なるオリジナルレシピ。

1　豚足は水に2時間浸して血抜きする。

2　20ℓの圧力鍋にイベリコ豚の挽肉と脂身、豚足、ジャガイモ以外の野菜を入れ、目盛りいっぱいに水を注ぐ。

3　強火設定のIHコンロにかける。30分ほど経ってアクが浮いてきたらとり除く。沸騰するとアクが湯に混ざるため、アクとりは沸騰する前にすませる。

4　スープに溶けやすくするため、ジャガイモはすりおろしてからスープに加える。

5　圧力鍋の蓋をし、強火で70分間炊き込む。火を消したら、そのまま30分間放置して鍋内の圧力を下げる。

6　シンクに水を溜め、蓋を外した鍋を浸してスープの温度を下げる。

7　スープの中から豚足を引き上げ、骨をとり除く。野菜は長ネギとショウガのみとり除く。

8　スープをザルで漉し、スープと煮込んだ食材に分ける。

9

骨を除いた豚足、その他の煮込んだ食材をフードプロセッサーに入れ、スープでのばしながら撹拌する。

10

フードプロセッサーにかけてクリーム状になったら濃縮スープが完成。濃縮スープは密閉容器に移して冷凍保存する。

11

濃縮スープは営業開始直前に寸胴鍋で湯と合わせて4倍に希釈して使用する。

POINT

イベリコ豚は挽肉と脂身を使用しているため、うまみの抽出に時間はかからない。スープの乳化を目的として豚足、ジャガイモを使用しているが、圧力鍋を用いることで豚足をやわらかく炊き上げる時間を大幅に短縮している。

醤油だれ

入江さんは醤油づくりについて独自に研究を重ね、オリジナルのだし醤油のレシピを考案。メーカーに仕様書発注しただし醤油に、カツオ節、サバ節、ウルメイワシ煮干し、焼きアゴ、シイタケでとっただし、ミリンを合わせて醤油だれをつくる。

XO醬

自家製のXO醬は香りの鮮度を保つために2日おきに仕込む。細かくくだいた干しエビ、干し貝柱、香味野菜をゴマ油で20分程度揚げて油に香りを移す。XO醬をスープに合わせるとエビと貝柱が底に沈むため、食べている途中で丼の中をかき混ぜるとスープの味が変わることを提供時にお客に伝えている。

つけめん TETSU 千駄木本店
つけめん

スープ｜つけめん（つけめん TETSU 千駄木本店）

2日かけて炊き込むクリーミーな豚骨魚介スープ。
追求するのは"こってり"ではなく、"濃厚"

　東京を代表するつけ麺専門店である「つけめんTETSU」（以下、TETSU）。㈱YUNARI代表取締役の小宮一哲さんは、めざすつけ麺のスープを「濃厚なスープ」と表現するが、同時に「"濃厚"と"こってり"では意味が大きく異なる」と説明する。大量の油脂をスープに投入するのではなく、コラーゲンによってスープの濃度を高めて麺にしっかりとからませ、うまみが凝縮していながら、くどくないスープを追求してきたのだという。

　TETSUはチェーン約20店分のスープを自社工場で一括加工しているが、スープは動物系2種、魚介系1種を別々に仕込み、最後にひとつに合わせるスタイルを採る。メインの動物系スープAは豚ゲンコツ、鶏ガラを8～9時間炊き上げて髄のうまみを充分に抽出。そこに豚足とモミジからコラーゲンをとった動物系スープB、煮干しや節をたっぷりと用いてエキスを濃縮した魚介系スープを合わせ、骨、肉、魚それぞれの味を引き出したスープに仕上げている。「以前はスープを思いっきり濃厚にして個性を出していましたが、現在は幅広い客層の支持を得るために"バランスのとれた濃厚スープ"に改良しています」と小宮さんは話す。

材料（分量非公開）

動物系スープA
豚ゲンコツ
鶏ガラ
昆布
干しシイタケ
ショウガ
タマネギ
ニンニク

動物系スープB
豚足
モミジ
背脂

魚介系スープ
カタクチイワシ煮干し
サバ節
ソウダ節

豚ゲンコツや鶏ガラ、煮干し、節類などは国産を使用するが、「とくに食材の産地にこだわりはない」と小宮さん。「誰にでも手に入る食材」（小宮さん）を使いながら、完成度の高いスープをつくり上げるために調理方法の工夫を重ねることを身上としている。

動物系スープA

豚ゲンコツ、鶏ガラを、強火で沸騰させながら8時間以上かけて炊き上げるメインスープ。ミキサーで撹拌してうまみを溶かし込んでから、他のスープと合わせる。

1

スープは朝7時から仕込む。最初に豚ゲンコツの下処理。冷凍の豚ゲンコツを熱湯に入れ、20分ほど煮立たせる。

2

豚ゲンコツを湯から引き上げ、水をひたひたに注いだ寸胴鍋に移す。コテで撹拌して骨にしみ込んだ血やアクなどを洗い流す。

3

寸胴鍋の8分目まで熱湯を注ぎ、鶏ガラを投入。強火にかけ、沸騰したらアクをとり除く。

4

豚ゲンコツを投入。沸騰した状態を維持しながら、強火で8〜9時間炊く。熱湯を随時注ぎ足し、寸胴鍋の9分目の水位を保つ。

→ 一晩ねかせる

5

翌日の朝7時からふたたび強火にかける。豚ゲンコツや鶏ガラなどは骨以外ほとんどがスープに溶けている。

6

スープが沸騰したらハンドミキサーで撹拌する。スープが撹拌する勢いによって豚ゲンコツに残った髄を抜きとる。

7

穴杓子で豚ゲンコツと鶏ガラをとり除く。

8
段階的に動物系スープAと動物系スープB（76頁参照）を合わせる。まず6割ほど溶けたBの豚足を穴杓子ですくいとり、Aの寸胴鍋に移す。

9
昆布と干しシイタケ、野菜類を投入する。昆布と干しシイタケはあらかじめ水に浸して戻しておく。ショウガは薄切りに、タマネギ、ニンニクは半分にカットしておく。

10
スープAの寸胴鍋の水位が下がったら、そのぶん手鍋でスープBを注ぎ足す。1時間ほどかけてスープBをスープAの寸胴鍋に移す。

11
スープBを移し終えた段階のスープA。食材が溶けて濃度が高く、焦げつきやすくなっているため、こまめにヘラでスープをかき混ぜる。

12
スープAの寸胴鍋の水位が下がったら、魚介系スープ（76頁参照）を注ぎ足す。さらに強火で約2時間炊く。

13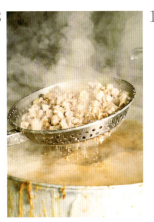
穴杓子で溶け残った豚足の骨をすくいとる。

14
シノワで細かい骨などを漉しとる。シノワに骨などが溜まったら、すりこ木を使ってスープをしっかりと絞り出す。容器を冷水に浸してスープを急冷する。

動物系スープB

使用するのは豚足、モミジ、背脂。動物系スープAと同様に強火で8時間以上煮込んで、肉と脂とコラーゲンをスープに溶かし込む。

1

動物系スープAは骨のうまみ、動物系スープBは肉や脂のうまみを抽出する。8分目まで熱湯を注いだ寸胴鍋に豚足、モミジを投入して強火にかける。

2

煮立ったらアクをとり除き、1時間ほど煮てから背脂を投入する。

3

沸騰した状態を維持しながら、強火で6時間炊き上げる。スープAと同様に、熱湯を随時注ぎ足し、寸胴鍋の水位を9分目に保つ。

4

翌朝、ふたたび強火にかけ、2時間ほど煮る。肉や脂の大半が溶け、ほとんど骨のみになる。

魚介系スープ

煮干し、節類を使った魚介系スープは、アクとりをせず、うまみをダイレクトにスープに移す。水分の3分の2を飛ばして濃度を高めてからメインスープに加える。

1

寸胴鍋に熱湯を注ぎ、カタクチイワシ煮干し、サバ節、ソウダ節を投入。強火にかける。最初はアクが出るが、魚介系のアクはうまみのひとつという考えからアクとりはしない。

2

スープをしっかりと煮立たせる。煮干し、サバ節、ソウダ節がスープの中で踊るように、沸騰させて対流を促す。

3

火力を徐々に落とし、弱火まで下げる。食材から苦みが出ないように、90℃をキープしながら1時間ほど煮出す。

4

穴杓子で煮干し、サバ節、ソウダ節を引き上げる。

5

ザルにだしガラを移し、鍋でしっかりと押さえてだしを絞り出す。

6

2時間ほど強火で煮立たせてスープの濃度を高める。

7

スープの量が3分の1程度まで煮詰めたら完成。

8

ザルで漉し、細かいだしガラをとり除く。

POINT

動物系スープAは骨のうまみ、動物系スープBは豚足、モミジのコラーゲン、魚介系スープは煮干し、サバ節、ソウダ節のだしの風味。抽出するうまみの種類によって別々にスープを仕立て、最後に合わせるスタイルを採る。食材の特性に合った炊き方、炊き時間を設定することで、うまみを充分に引き出しながら、雑味がなく、バランスがとれたスープに仕上げている。

貝汁らぁめん こはく
琥珀醬油麺

スープ　琥珀醬油麺（貝汁らぁめん こはく）

貝のスープに、動物・魚介のダブルスープをプラス。
コハク酸のうまみを前面に出した進化系ラーメン

「貝汁らぁめん こはく」という店名が物語る通り、この店のラーメンは「コハク酸」をテーマにつくられている。スープの主役である貝類のコハク酸、昆布や鶏ガラのグルタミン酸、豚骨や豚足のイノシン酸を融合した1杯は、斬新だがどこか懐かしくもあり、滋味深い味わいでお客の心をがっちりつかんでいる。

顧客の約半数がオーダーする一番人気は「琥珀醤油麺」。ベースとなる貝スープはアサリ、ハマグリ、シジミの3種を使用。アサリ3、ハマグリ3に対して隠し味的にシジミは1の割合で使用し、日本酒と昆布を加えてだしをとる。それに合わせるのが、鶏ガラと豚足、豚骨でとった動物系スープと、カタクチイワシ煮干し、ムロ節、サバ節、昆布でとった魚介系だしを合わせたダブルスープ。あくまで貝が主役なので、ダブルスープはすっきりとした控えめな味に仕上げているという。開店当初は、貝はアサリ1種のみで、貝スープの割合も少なかったが、現在は貝の種類と貝スープの量を増やし、貝のうまみをより強調したスープへと進化している。

琥珀醤油麺の場合、麺は小麦の風味が香る全粒粉入りのストレート細麺と、加水率が高くモチモチとした食感が楽しめる中太の手もみ風ちぢれ麺の2種の麺（109頁参照）を用意。選べる楽しさもプラスしている。

材料

動物系スープ
鶏ガラ	5kg
豚足	3kg
豚骨（アバラ）	3kg

魚介系スープ
カタクチイワシ煮干し	250g
ムロ節	50g
サバ節	50g
昆布	50g

貝スープ
アサリ	1.5kg
ハマグリ	1.5kg
シジミ	500g
日本酒	350mℓ
昆布	30g

醤油だれ
ミリン	1ℓ
日本酒	2ℓ
貝スープ	1ℓ
昆布	60g
貝柱	100g
塩	300g
濃口醤油	7.2ℓ

味の決め手となるアサリ、ハマグリ、シジミの3種の貝は、毎朝名古屋市内の柳橋市場に出向いて仕入れたものを使用。動物系スープの豚骨と豚足は湯通ししてから水洗いすることで雑味のないスープに仕上げている。

動物・魚介の ダブルスープ

主役の貝スープを引き立てるため、動物系+魚介系のダブルスープは控えめな味わいに。動物系スープは豚足を炊き上げてゼラチンとうまみを抽出する。

1
鶏ガラはボウルに入れて流水で洗いながら血や内臓を掃除する。

2
豚足は沸騰した湯に入れ、軽く湯通しする。5分ほどしたらザルにとり出し、流水で洗う。

3
豚骨はむらができないように半量ずつ湯通しする。骨が茶色くなったらアクをすくい、沸騰してから3分ほどでとり出す。残りの半量も同じ作業を繰り返す。

4
水で洗い、血合いをとり除く。

5
魚介系だしをとる。カタクチイワシ煮干し、ムロ節、サバ節、昆布を容器に入れ、水4ℓを注いで、3時間水出しする。

6
寸胴鍋（36ℓ用）に15ℓの水を入れる。豚骨、鶏ガラ、豚足の順に加えて、強火にかける。

7
湯が沸き立ったら、アクが浮いてくるので、アクとりをする。弱火にして、約5時間炊き続ける。

8
途中アクが出たら適宜とり除く。

9

約5時間炊いた動物系スープに5の魚介系だしを具材ごと加える。

10

さらに弱火で1時間炊いたら火を落とす。具材をすべてとり出し、粗熱がとれたら冷蔵庫で一晩ねかせる。

一晩ねかせる →

11

冷蔵庫で一晩ねかせることで味をなじませ、まろやかな味わいとなる。

貝スープ

風味の異なる3種の貝を合わせて、奥行きのある味わいに。
日本酒と昆布を加えて煮込むことで深みのあるスープに仕上げる。

1

アサリ、ハマグリ、シジミの3種の貝をボウルに入れ、流水でこすりながら洗い、汚れをとりのぞく。

2

鍋に7ℓの水と3種の貝を入れ、日本酒と昆布を加える。蓋をして強火にかけ、沸騰させる。アクとりをしてから弱火にし、そのまま約30分炊く。

3

30分炊くとスープが白濁してくるので、再度アクをとる。

4

火を落として、昆布をとり出し、スープのみを他の鍋に移す。殻つきの貝はラーメンのトッピングとして使用するため、保存容器にとり分け、冷蔵庫に保管しておく。

醤油だれ

昆布と貝柱でうまみをきかせたスープと、まろやかな濃口醤油を合わせて醤油だれにも貝の濃厚な風味をプラス。滋味あふれるスープにキレと奥行きが生まれる。

1

ミリン、日本酒、貝スープに、昆布と貝柱を加えて半日ほどおく。

2

1を網で漉しながら寸胴鍋に移す。強火で沸騰させて日本酒のアルコールを飛ばす。塩を加え、ホイッパーで混ぜながらしっかり溶かす。

3

1で使用した昆布と貝柱を2の寸胴鍋に戻し入れる。

4

濃口醤油を加え、弱火で加熱。沸騰させない程度の火加減を保ちながら、約20分炊いて味をなじませ、昆布と貝柱を漉す。室温で保存し、1週間ほどで使いきる。

スープの仕上げ

1

開店時間の90分前に、冷蔵庫で一晩ねかせた動物・魚介のダブルスープと当日仕込んだ貝スープを合わせて、弱火で90分炊く。

2

オーダーが入ったら、スープ300mlを手鍋に入れて沸騰させる。

3

器に醤油だれ30ml、貝油(大豆白絞油をネギ、貝柱、ニンニク、ショウガで風味づけしたもの)20mlを入れる。

4

沸騰させたスープを器に注ぐ。

創作麺工房 鳴龍
担担麺

スープ　担担麺〈創作麺工房 鳴龍〉

13種の素材のうまみを最大限に引き出し、バランスよく調和させて、繊細かつ深みのある1杯に

中国料理店で9年間修業した経験をもつ店主の齋藤一将さんが2012年4月、東京・大塚に開業した「創作麺工房 鳴龍」。看板メニューの「担担麺」は、鶏や牛骨、カキなど13種の素材のうまみを引き出した清湯に自家製のラー油や芝麻醤、醤油だれを合わせ、辛みとこくを調和させたまろやかな味わいを特徴とする。

清湯は、丸鶏のクリアなうまみをベースに牛ゲンコツの甘み、豚足やモミジのとろみ、生カキのミルキーなこく、魚介の香味をプラス。さらに、一晩水出ししてうまみを引き出した魚介だしを加えて香りとこくを深め、最後に余分な油脂を除いて雑味のない澄んだスープに仕上げている。

レシピは開業以来、何度かブラッシュアップを重ね、現在の配合に変更したのは14年のこと。それ以前は丸鶏、鶏胴ガラに豚足、モミジ、魚介、タマネギ、白菜、セロリなどを加え、鶏のうまみが豊かに広がるスープに仕上げていたが、「ひとつの素材が突出することなく調和し、多様なうまみがバランスよく融合したスープ」をめざし、新たなレシピを考案した。素材を投入するタイミングは、それぞれのうまみがもっとも際立つ煮込み時間になるよう逆算。たとえば、生カキは独特の香りを飛ばし、うまみだけが残るよう約4時間半煮込んでいる。素材のうまみが幾重にも重なり合う清湯は担担麺のみならず、「醤油拉麺」、「塩拉麺」（148頁参照）のたれとも好相性。香り高く、深みのある味わいを生み出している。

材料

清湯
牛ゲンコツ	8kg
豚足	2本
丸鶏（首を落とした種鶏）	3羽
モミジ（皮をむいたもの）	2kg
生カキ	3kg
タマネギ	2個
ニンニク	4個
九条ネギ（根元の部分）	適量
ウルメイワシ煮干し	400g
カツオ節（厚削り）	100g

魚介だし
羅臼昆布	120g
カタクチイワシ煮干し	200g
干しシイタケ	100g
水	6ℓ

醤油だれ（分量はすべて適量）
- 干しシイタケ
- カタクチイワシ煮干し
- 羅臼昆布
- ホタテの貝柱
- 水
- カツオ節（厚削り）
- 濃口醤油
- 塩
- 上白糖
- ミリン
- たまり醤油

ラー油
白絞油	4ℓ
八角	20g
桂皮	20g
ニンニク	2個
長ネギ（青い部分）	8本分
花山椒	20g
カイエンペッパー	100g
一味唐辛子	300g
水	250mℓ

芝麻醤
白ゴマ（皮をむき乾燥させたもの）	2kg
白絞油	1.5ℓ

清湯

丸鶏、牛ゲンコツ、豚足、煮干し、カツオ節、生カキなどの素材を時間差で投入。トータル9時間半煮込み、それぞれのうまみをバランスよく融合させる。

1 鍋に湯を沸かして牛ゲンコツをゆでてアクを抜く。髄が溶け出す前にとり出し、タワシでアクや汚れを洗い落とす。水けをきり、翌日まで冷蔵保存する。

2 魚介だしの材料をすべて鍋に入れ、一晩おいてうまみを引き出す(写真は一晩おいた状態)。

3 直径45cmの寸胴鍋に水を入れ、前日に掃除した牛ゲンコツと水洗いした豚足を入れる。沸騰するまでIHコンロのフルパワーで1時間半ほど加熱する。

4 沸騰してきたら、表面に浮いてきたアクをとり除く。火加減を鍋の中央にふつふつと泡が出る程度(中火と弱火の間)に落とし、アクが浮いたらこまめにとり除く。

5 丸鶏を水洗いし、水けをきる。足の関節を手で広げたあと、だしが出やすいように背中と腹、足のつけ根に包丁で切り込みを入れる。

6 鍋を火にかけてから3時間半後、モミジと5の丸鶏を4の鍋に入れ、火力をフルパワーにする。客席からの見栄えを考慮し、モミジは丸鶏の下に入れてお客の目に触れないようにする。

7 モミジと丸鶏を入れて約30分後、浮いてきたアクをとり除き、鍋の中央にふつふつと泡が出る程度の火加減に落とす。

8 モミジと丸鶏を加えて約1時間半後、表面に浮いてきた脂をとり除く。この脂は牛の脂が混じるため、質、量ともにブレが生じるので使わない。鶏油は別途、大山どりの鶏脂を溶かしてつくる。

| 9 | 10 | 11 | 12 |

9　着火から5時間半後、強火にして生カキを投入。沸騰してきたら中央に小さな泡が出る程度の火加減に落とし、アクを除く。カキは約4時間半煮て香りを飛ばし、うまみを抽出する。

10　着火から約6時間30分後、皮をむいて半割にしたタマネギ、皮つきのまま半割にしたニンニク、九条ネギの根元の部分を加える。

11　着火から8時間半後、手で割ってだしを出やすくしたウルメイワシ煮干しとカツオ節厚削りを加える。

12　2の魚介だしの鍋を弱火にかけ、だしの風味が飛ばないように1時間ほどかけて、スープと同じ程度の温度（97〜98℃）まで温める。

| 13 | 14 | 15 | 16 |

13　スープと同程度の温度まで温めた魚介だしを魚介ごと加え、中央に小さな泡が出る程度の火加減で1時間ほど加熱する。

14　火を止め、昆布をとり除く。丸鶏がくずれるとスープが濁り、風味が単調になるため、くずさないように網ですくい、スープが自然にしたたり落ちるまでしばらく待つ。

15　目の粗い漉し器と細かい漉し器を重ね、静かにスープを注ぐ。スープを濁らせないように漉す。

16　油脂の風味がスープに移るのを防ぐとともに、スープの温度を下げやすくするために表面に浮いた脂をとり除く。鍋を冷水にあてて冷ましたのち、冷蔵庫で一晩ねかせる。

醤油だれ

濃口醤油とたまり醤油を合わせて、深みを出し、魚介のうまみのきいたすっきりとした味わいに。

1 干しシイタケ、カタクチイワシ煮干し、羅臼昆布、ホタテの貝柱を水に浸けて冷蔵庫に一晩おき、だしをとる。

2 翌日、弱火にかけ、沸騰したらカツオ節厚削りを加える。1時間30分ほど加熱し、昆布をとり出す。

3 さらに1時間ほど弱火で加熱したのち、キッチンペーパーを敷いた漉し器で漉す。

4 加水して水分量を調整したあと、強火にかけて沸騰させ、煮沸する。火を止め、鍋を流水にあてて冷やす。

5 濃口醤油、塩、上白糖を加え、醤油の香りが飛ばないよう68℃で1時間加熱。火を止めてからミリン、たまり醤油を加える。

6 完成した醤油だれは、室温で1週間ねかせ、味を落ち着かせてから使用する。

POINT

魚介のだしを引き、漉したあとにいったん沸騰させることで日もちを向上。醤油や砂糖などを加えて68℃で1時間煮たあと、火を止めてからミリンとたまり醤油を加え、醤油やミリンの香りを生かす。1週間ねかせた醤油だれは「担担麺」の他、「醤油拉麺」、「醤油つけ麺」、「担担つけ麺」(148頁参照)に使用する。

ラー油

辛みの異なる2種の唐辛子粉をブレンド。スパイスと野菜の香味を油にまとわせる。

1

白絞油に八角、桂皮、皮つきのまま半割にしたニンニク、長ネギの青い部分を入れ、強火にかける。花山椒は焦げやすいため、あとから加える。

2

パチパチと音がして油が沸いてきたら中火に落とす。全体に小さな泡がふつふつと沸いてくる状態になったら、花山椒を加える。

3

1時間～1時間30分中火で加熱。野菜が黒くなってこうばしい香りがしてきたら火を止め、香辛料と野菜を網でとり出す。

4

カイエンペッパーと一味唐辛子を鍋に入れて混ぜる。熱い油を注いだ際に唐辛子粉が焦げないよう、水を加えて全体を湿らせる。水加減はぎゅっと握ると固まる程度。

5

3の油を鍋肌から煙が出るくらいの高温（220～230℃）に熱し、水を加えた唐辛子粉に少量ずつ加えながらホイッパーで混ぜる。

6

油が冷えて唐辛子粉が底に沈殿したら、上澄みを別の容器に移して使用する。

POINT

焦げて苦みが出やすい花山椒はあとから投入。まずは冷たい白絞油に花山椒以外の材料を加え、強火にかけて温度を上げ、スパイスの香りを引き出す。沸騰したら中火に落として花山椒を加え、野菜からこうばしい焦げ香が立ったら火を止める。唐辛子は辛みの強いカイエンペッパーとマイルドな一味唐辛子をブレンドして使用。スパイスや野菜の香りを移した油を230℃程度に熱して加えて唐辛子粉の水分を飛ばし、辛みをしっかり油に移す。

芝麻醬 | 煎って香りを立たせた白ゴマを ミンサーで三度挽きし、油と練り合わせる。

1　中華鍋に白ゴマを入れ、強火にかける。あおりながら煎り、全体に均一に火を入れる。

2　5分ほどして香りが強くなり、油がにじんでつややかになってきたらバットに移して冷ます。

3　ミンサーに中挽用のプレートをつけ、白ゴマを三度挽きしてきめ細かくなめらかなすりゴマにする。

4　ボウルに挽いた白ゴマを入れ、130℃程度に熱した白絞油を少しずつ加えながら泡立て器で混ぜる。

5　油の温度が低いと分離しやすくなり、高すぎるとサラサラと粘りけのない芝麻醬になるため、油の温度はつねに130℃程度に保つ。

6　ホイッパーで混ぜて全体がなじんだら、室温において冷ます。粗熱がとれると粘度が増し、とろりとした状態になる。

POINT

白ゴマは煎りすぎると苦みが出るため、色がつく前に煎り止める。白ゴマをペースト状にするのはフードプロセッサでもよいが、パワーのあるミンサーはフードプロセッサに比べ、素材に熱が伝わりにくいため、白ゴマの香りが飛ばず、なめらかで風味のよいペーストに仕上がる。白ゴマと白絞油の配合は1:1が基本。油の温度ができあがりの濃度、口あたりに影響するので、つねに130℃に保つようにする。

支那ソバ かづ屋
担担麺

スープ｜担担麺（支那ソバ かづ屋）

清湯と白湯のよさを兼ね備えたスープ。「肉つき」の鶏ガラが味の決め手

　創業は1988年。新旧のラーメン店がひしめく東京・目黒にあって、変わらぬ繁盛ぶりを維持し続けているのが「支那ソバ かづ屋」だ。鶏ガラと豚骨のスープに魚介だしをきかせ、そこに自家製のしなやかな細麺を合わせた「支那ソバ」が創業以来の看板商品。東京ラーメンの王道ともいえる味わいが幅広い客層から支持を得ているが、支那ソバに匹敵する売れ筋になっているのが2006年にメニューに加わった「担担麺」である。

　自家製芝麻醤と自家製ラー油で風味豊かに仕上げる担担麺は、支那ソバと共通のスープを用いている。鶏ガラと豚ゲンコツを6時間強炊いた清湯がベースだが、「中国料理の清湯はスープを煮立たせない。うちでは軽く沸騰させるため、清湯と白湯の中間のスープといったところ」と店主の數家 豊さんは説明する。「骨よりも肉のほうがスープのうまみがとれる」と、鶏ガラは端肉が残った「肉つき」を使用。また、「鶏ガラと豚ゲンコツはチルドや冷凍ではなく、鮮度の高い生のみを用いることで、血抜きなどをしなくても雑味のないスープに仕上がります」と數家さんは言う。小ぶりな瀬戸内海しまなみ海道産の煮干しを用いた魚介だしは上品な風味。芝麻醤は白ゴマのみでつくり、ラー油もゴマ油100％で、一味唐辛子以外の香辛料は加えていない。うまみと風味のバランスがとれたスープだからこそ、シンプルなレシピの芝麻醤とラー油との相性も抜群なのである。

材料

動物系スープ
豚ゲンコツ	6kg
鶏ガラ	17kg
豚肉（チャーシューの端材）	5kg弱
丸鶏（老鶏）	1羽
タマネギ	2個
ニンニク	適量
ニンジン	2本
ショウガ	適量
パクチーの軸、セロリの葉など	各適量

魚介系スープ
真昆布	100g
干しシイタケ	5～6個
混合節（サバ節、カツオ節の厚削り）	500g
カタクチイワシ煮干し	1.6kg

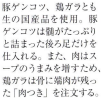

豚ゲンコツ、鶏ガラとも生の国産品を使用。豚ゲンコツは髄がたっぷりと詰まった後ろ足だけを仕入れる。また、肉はスープのうまみを増すため、鶏ガラは骨に端肉が残った「肉つき」を注文する。

魚介系スープの食材のうち、7割強の分量を占めるカタクチイワシ煮干し。瀬戸内海しまなみ海道産の煮干しは4cm前後の小ぶりなサイズで、淡泊で上品なだしがとれる。

動物系スープ

フレッシュな鶏ガラと豚ゲンコツを用いた動物系スープ。湯が軽く沸騰した状態で6時間炊き、繊細な味わいの清湯とこくがある白湯のよさを兼ね備えたスープに仕上げる。

1

豚ゲンコツは髄がスープに溶けやすいように金槌で半分にたたき割る。

2

寸胴鍋に豚ゲンコツ、鶏ガラを入れ、ひたひたになるまで水を注ぎ、強火にかける。フレッシュな豚ゲンコツ、鶏ガラを使用するため、血抜きなどの下処理は必要ない。

3

湯が煮立ってくるとアクが一気に浮いてくる。沸騰するとアクが湯に混ざってしまうため、沸騰直前にアクをとり除く。

4

チャーシューに用いる豚ロース肉、豚モモ肉は部位ごとに1頭分の塊肉で仕入れる。成形時に大量の端材（落とし肉）が出るため、それをスープに投入する。

5

しばらくすると豚肉から出たアクが浮いてくるため、再度アクとりをする。ただ、あまりアクをとり除きすぎるとうまみも失われるため、アクとりは2回のみにとどめる。

6

丸鶏はゆで麺機に5分程度浸して下ゆでし、余分な血などを洗い流す。

7

豚肉を投入してから10分程度経過したら、丸鶏を加える。

8

タマネギは丸ごと、ニンニクは横半分に切り、ニンジンとショウガは皮つきのままザク切りにする。トッピングのパクチー、サイドメニューで使うセロリや白菜などの端材も使用。

9

丸鶏を投入したのち、野菜もスープに加える。

10

沸騰する前に強火から中火に落とし、スープが静かに対流し続ける程度に火加減を調整する。蓋をして6時間スープを炊く。

→ 一晩ねかせる →

11

翌朝、スープを強火にかけて煮立たせる。

12

スープが煮立ったら手鍋で汲み上げ、漉し布をかぶせたザルで漉しながら小さめの寸胴鍋3つにスープを移す。

13

3つの寸胴鍋のスープを手鍋で汲み上げて別の寸胴鍋に移し、スープ濃度を均一化する。

14

完成した動物系スープは軽く白濁しており、清湯と白湯の中間の濃度。

POINT

スープの炊き時間はおよそ6時間。スープが静かに対流するくらいの火加減で炊くことにより、清湯よりもうまみが濃く、白湯ほど重くないバランスがとれたスープに仕上がる。また、端肉が残った鶏ガラ、チャーシューに使う豚肉の切れ端、老鶏の丸鶏と、スープのうまみを出すために"肉"を重視するのも特徴だ。

魚介系スープ

瀬戸内海しまなみ海道産の煮干しが魚介系スープの味の決め手。香りの鮮度を保つため、節類と煮干しを投入したら炊き時間は30分程度で仕上げる。

1 昆布、干しシイタケは水に一晩浸して水出しする。翌朝、弱火にかける。

2 昆布は沸騰させるとえぐみが出るため、スープが沸き立つ直前にとり出す。

3 サバ節とカツオ節の混合節、カタクチイワシ煮干しを順に加える。

4 表面に細かい泡が立ち続ける程度に軽く煮立たせ、さらに30分炊く。

スープの仕上げ

1 漉し布をかぶせたザルを動物系スープが入った寸胴鍋の口にのせる。手鍋で魚介系スープを汲み上げ、漉しながら動物系スープと合わせる。

2 営業中、スープはとろ火にかけて温めておく。スープは当日のみ使用し、翌日にはもち越さない。

芝麻醤

自家製する芝麻醤には白煎りゴマのみを使用。ゴマ油、香辛料など他の食材はいっさい加えず、シンプルにゴマのうまみを引き出す。2～3日に1回のペースで芝麻醤を仕込んでおり、白ゴマ600gをフードプロセッサーに10分かけてペースト状にする。

ラー油

ラー油は10日に1回のペースで仕込む。油はゴマ油100％。ゴマ油6ℓ、一味唐辛子500g、ネギ、タマネギ、ニンニクなど香味野菜のザク切りを合わせて中火にかける。食材が焦げないように注意しながら、唐辛子の水分が飛ぶまで15分程度揚げ煮にする。

醤油だれ

「支那ソバ」と「担担麺」に用いる醤油だれ。うまみが強いヒゲタしょうゆの「本膳（本醸造しょうゆ）」に塩、砂糖、酒、ミリン、昆布、ニンジン、ショウガ、タマネギ、ニンニクなどを合わせ、角が立たないなめらかな口あたりの醤油だれに仕上げている。

第2章

製麺の技術

よりオリジナリティの高いラーメンをつくりたいと、麺も自家製する店が増えています。自店のスープに合わせて、粉の配合や麺の太さなどを調整できるのが自家製麺の強み。ここでは、「麺や庄の」「麺劇場 玄瑛」「つけめんTETSU」の麺づくりを紹介します。

麺や庄の

「麺や庄の」では「らーめん」(44頁参照)用の細麺と「つけめん」(139頁参照)用の太麺、さらに限定ラーメン用の3種の麺を使用。また、系列7店で計6～7種の麺を使い、そのすべてを自家製麺しているが、麺づくりにおいて店主の庄野智治さんがめざしているのは「熟成ゼロの麺」である。「熟成は麺のコシを増す反面、小麦本来の風味を損ねてしまう。スープの個性を追求するように、麺も小麦粉の特性を生かし、独自性の高い麺をつくりたい」とその理由を説明する。

らーめん用の細麺にはパン用粉である「花象ばら」をメインに使用している。「花象ばらの灰分は0.52。二等粉に近いくらい灰分値が高いのですが、それが小麦らしい香りを醸している」と庄野さんは言う。そこに全粒粉を合わせて風味をさらに増すとともに、ザラザラとした個性的な歯ごたえを麺にプラス。うどん用粉の「神心宝船」によって麺にもっちりとしたコシをもたせ、パスタ用粉の「マルコ・ポーロ」によって歯切れのよい食感を加えるなど、小麦粉の配合に工夫を凝らすことにより、「パンチが強いスープに負けない主張がある細麺」(庄野さん)に仕上げている。

理想は「熟成ゼロ」の麺。灰分値が高い粉を使って小麦本来の風味豊かな細麺に仕上げる

材料

小麦粉	24kg
┌花象ばら（千葉製粉）	
│神心宝船（日本製粉）	
└マルコ・ポーロ（日本製粉）	
全粒粉（日本製粉）	800g
グルテン	1kg
かん水	7.74ℓ
┌粉末かん水	2％分
└塩	1％分

灰分値が高く、独特な風味に富んだ「花象ばら」を軸に4種の小麦粉を配合。うどん用粉「神心宝船」で麺にもっちりとした食感を出し、全粒粉を足すことで麺の表面に適度なザラつきを加えている。

6年前に自家製麺に切り替えてから、すでに3台めの製麺機を導入。ミキサー、製麺機ともに不二精機製を使用している。小型の製麺機はローラー幅180mm以下の製品が多いが、同240mmで圧延の力が強いことが製麺機選択のポイント。

1 3種の小麦粉、全粒粉、グルテンを計量器で分量を量りながら合わせる。

2 ミキサーに粉類を入れ、粉だけで10分撹拌する。

3 かん水を加えて10分間撹拌する。かん水は前夜に仕込んで冷蔵で保存しておく。

4 ミキサーの回転軸などについた小麦粉の塊を手でぬぐいとり、細かくつぶす。そのままにしておくと、生地にむらが出ることがある。

5 さらに10分撹拌し、全体が細かいおから状になったらミキシング終了。

6 ミキシングがすんだ生地をロールにかけて麺帯をつくる。麺帯の厚みは3mmに設定。

7 2つの麺帯を重ねてロールにかける（複合圧延）。全粒粉をブレンドしていて生地がつながりにくいため、麺帯の厚みを2.4mm、0.8mmの順に変え、複合圧延を2回行って充分に圧をかける。

8 地粉の風味を残すために麺帯は熟成させない。厚みを0.3mmに設定して圧延する。

9 26番（切り幅約1.2mm）の切り刃に通して麺線にする。通常、麺線の幅は、切り刃の番号で表現される（切り刃の番号は、3cm幅の生地からとれる麺の本数を表す）。

10 麺は1玉140gずつ束ねて箱に入れる。

11 「らーめん」用の麺は15時に製麺し、翌朝に店に配送。配送まで温度20℃、湿度60％に設定した冷蔵室に保管しておく。

麺劇場 玄瑛 六本木店

2003年、福岡に1号店を出した当初から自家製麺にとり組んでいる「麺劇場 玄瑛」。豚骨ラーメンや醤油ラーメン、担担麺などのメニューを提供しているが、「スープに合わせて表情を変えるような、どのスープにも合う麺づくり」（店主の入江瑛起さん）をめざし、麺は1種のみとしている。小麦粉は熊本製粉の「龍翔」のみを使用。粘弾性にすぐれた準強力粉で、玄瑛のセールスポイントである"コシのある多加水麺"に適しているとの判断だ。福岡のラーメン店では低加水麺が主流だが、「うまみと甘みを出しやすいのが多加水麺のよさ。食感としては、口の中ではじけるような麺をめざしています」と入江さんは言う。

麺の加水率は、全卵を含めると約47％にのぼる。全卵の配合比率も約10％と多い。「卵をふんだんに加えているのは、麺にコシと甘みを出すため。小麦粉のグルテンと卵のタンパク質、そしてかん水は相性がよく、時間が経つほどコシが出ます」と入江さん。ミキシング工程では、水に氷を加えることで生地を引き締めるのがポイントだ。使用する氷の量は、季節や気温によって調整している。オリジナルの製麺機は、独立前に製粉会社の研究室で粉について勉強したという入江さんが、製麺機メーカーと共同開発。完成した麺は恒温恒湿庫に入れて1週間熟成させる。もちもちとして歯ごたえがあり、小麦粉のうまみを味わえる点が大きな特徴だ。

「どのスープにも合う麺」をめざした
加水率47％、全卵10％配合の多加水麺

材料

粉末かん水	370g
水	3.25ℓ
全卵（L玉）	47個
氷	夏6.85kg、冬5.4kg
小麦粉（熊本製粉「龍翔」）	25kg

小麦粉は準強力粉の「龍翔」を100％使用。タンパク質の含有率が高く、粉自体に甘みがあるのが特徴だ。製麺した生地はコシがあり、表面はきめ細かくしっとりとした仕上がり。

製麺機メーカーの真崎麺機と相談しながら製造したオリジナルの製麺機。現行のマシンは開業から2台めだ。モーターのパワーにすぐれ、多加水麺を打つのに適している。

1

粉末かん水370gを計量し、水1.8ℓに入れて撹拌する。粉末かん水は水に溶けにくいため、塊がなくなるまでホイッパーでよく混ぜる。

2

生卵（L玉）を47個割る。10個単位くらいで割っていったほうが、殻が入ったときにとり出しやすい。

3

ホイッパーを使って卵の黄身をつぶし、泡立たないようにゆっくり白身と混ぜる。卵が泡立つと、粉と混ぜたときに、締まりのない麺になってしまう。

4

かん水に卵を加えたあと、氷を入れ、さらに水1.45ℓを加える。氷の分量は、夏場なら6.85kg、冬場なら5.4kgと、気温によって調節する。加水率は47％が基準となっている。

5

ミキサーに小麦粉、氷と卵を加えたかん水を順に入れ、ミキシングを行う。

6

途中で機械を止め、生地の状態をチェック。ミキシング終了のタイミングは、氷がなくなった瞬間がベスト。生地をさわって氷がすべて消えているのを確認し、下のトレイに生地を落とす。

7

生地を3等分して、3分の1ずつ複合圧延機にかける。あとで作業するぶんは、乾燥しないようにビニール袋で覆っておく。

8

粗がけ工程。ミキシングした生地を複合圧延機にかける。ローラーの幅6mmで延ばし、1枚の麺帯にまとめて、麺棒に巻きとる。

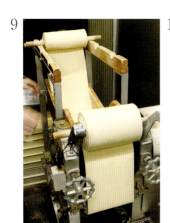

9

複合圧延工程。2本の麺棒を使い、麺帯をほぼ同じ大きさの2つのロールに分ける。2枚の麺帯を重ねて、ローラーの幅8mmで延ばす。この作業を3回繰り返す。

10

複合圧延作業を終えた麺帯を、ビニール袋に包んで2時間ほどねかせる。この間に、生地は黄色みがかり、しっとりした肌ざわりになる。

11

圧延工程は4回繰り返し、麺のコシを強くしていく。最初は6mmからスタートし、次第にローラーの幅を狭くしていき、最終的には1mmまで麺を薄くしていく。

12

切り出し工程。麺帯をロールにかけ、22番(切り幅1.4mm)の切り刃を使い、23〜24cmの長さで切り出す。切り出した麺は手作業で束ね、ばんじゅうに移す。1玉の量は125g。1週間熟成させてから使用する。

つけめんTETSU 千駄木本店

濃厚な豚骨魚介のスープに負けないコシの強さを追求。うどん用粉とパン用粉を独自配合した小麦粉が決め手

自家製麺 つけめんTETSU 千駄木本店

「つけめんTETSU」(以下、TETSU)は店数を約20店に増やしているが、2007年12月に2号店を出店した時点で自家製麺に着手した。TETSUで使用するのは、「豚骨魚介つけめん」用の太麺、「鶏魚介つけめん」用の中太麺、「中華そば」用の中細麺の3種で、それらは自社工場で製造。現在、1日の製麺量は太麺が9000玉以上にもおよんでいる。

㈱YUNARI代表取締役の小宮一哲さんは、自分が求める麺を「小麦粉1本で勝負できる麺」と説明する。豚骨魚介つけめんに用いる切り刃12番（切り幅2.5㎜）の太麺は、濃厚なスープに負けないコシの強さと軽快なのど越しが特色だが、「コシを増すためのタピオカ粉は用いない」と小宮さんは言う。小麦粉はうどん用小麦粉とパン用小麦粉を配合した独自のブレンド粉を使用。ブレンド粉は内麦（国産小麦）をベースにして香り豊かでもっちりとした食感の麺に仕上げているが、小麦粉の配合が麺の品質を決定づけるため、小宮さんは年1〜2回のペースでブレンド粉を見直している。一方、小麦粉のグルテンを壊さないよう、圧延時に麺帯を80％ずつ薄くするなど、コンベアーの速度や熟成時間など製法面での品質管理にも気を配り、麺のコシを追求している。

材料

小麦粉「TETSU-102」	
（うどん用、パン用小麦粉5:5の配合）	25kg
かん水（下記の配合でつくる）	9ℓ
┌水	36.7ℓ
│粉末かん水	1.3kg
│塩	1kg
└アルコール	1ℓ

小麦粉は日清製粉に依頼した独自のブレンド粉を使用。年1〜2回のペースで小宮さん自らが粉の配合を変えている。以前はグルテンが強い外麦をベースにしていたが、現在は小麦の風味を重視して内麦95％、オーストラリア産5％の割合で配合している。

1
ミキサーに小麦粉を入れ、粉だけで1分撹拌する。

2
かん水は前日に用意。フィルターを通した水、粉末かん水、塩、アルコールを合わせておく。かん水を加えて8分間（夏季は7分30秒、冬季は8分30秒）撹拌する。

3
生地を製麺機に移して粗がけをし、麺帯をつくる。

4
3つのローラーにかけて麺厚3mmに圧延する。一度の圧延で80％ずつ薄くすることで、グルテンを壊さず、コシのある麺をつくっている。

5
12番の切り刃に通して麺線にする。麺の長さは27cm。麺種によって長さを変えている。

6
切り出した麺は1玉210gずつ束ねて箱に入れる。一晩おいてから使用する。

POINT

タピオカ粉に頼らない強いコシを生み出すべく、パン用の強力粉とうどん用の中力粉を配合したブレンド粉を独自に開発した。気温、湿度の変化に合わせて、ミキシングの時間を夏季、冬季で調整。圧延も麺帯を80％ずつ薄くして小麦粉のグルテンを壊さないように行うなど、小麦粉の特性に合わせた製麺工程を踏むことによって弾力がある麺に仕上げている。

中華麺のバリエーション

細麺

手もみ太麺

麺や維新
→8頁、128頁参照

「春よ恋」、「きたほなみ」、「ゆめちから」などの北海道産強力粉と全粒粉をブレンドした粉で自家製麺。定番メニューに使用する細麺は加水率35〜38％。薄く圧延し、18番の切り刃で切り出して平打ちにする。加水率40％の手もみ太麺は姉妹店の「維新商店」用。「麺や維新」では「比内地鶏の鶏油そば」などの限定メニューに使用。

麺処 まるはBEYOND
→14頁、130頁参照

すべてのラーメンに京都の「麺屋棣鄂（ていがく）」の麺を使用。「中華そば」には低加水のコシのある角中細麺、つけ麺用にはたれをしっかり持ち上げる平角太麺など、イメージを伝えて発注。「背脂みそ」用のオールド札幌麺は、強めの縮れとコシ、プリッとした弾力で昔風の食感をイメージした。

角中細麺

塩細麺

塩平打ち麺

平角太麺

味噌太麺

饗 くろ㐂
→18頁、132頁参照

「饗 くろ㐂」では3種、金曜営業の「紫 くろ㐂」では4種の自家製麺を使用。「塩そば」は細麺と平打ち麺を選択でき、細麺は野趣に富む「ハルユタカ全粒粉」に「ゆめちから」をブレンドして小麦の香りを強調。平打ち麺は北海道産地粉のブレンド粉を使った多加水麺でモチモチとした食感が特徴だ。「味噌そば」には焙焼したふすまを練り込んだ太麺を合わせる。

オールド札幌麺

細縮れ麺

中太ストレート麺

麺処 銀笹　→24頁、133頁参照

東京・東久留米の三河屋製麺のアイテムから選択。「銀笹ラーメン」、「銀笹つけめん」には、同店のあっさりしたスープを持ち上げてくれる細縮れ麺を選んだ。ラーメンには1人前150g、つけめんには225g使用。「焦がし味噌ポタ」など冬季限定商品は中太ストレート麺（1人前160g）を使っている。

平打ち縮れ麺

東京スタイルみそらーめん ど・みそ 京橋本店　→34頁、135頁参照

麺は開業当初から浅草開化楼の特注品を使用している。こってりとしていながら、味噌の風味豊かなスープに合わせるのは平打ちの縮れ麺。国産小麦粉にタピオカ粉を加え、小麦の風味を引き出すとともに、モチモチでプリッとした食感の麺に仕上げている。

細ストレート麺

ちぢれ麺

角平打ちストレート麺

我流麺舞 飛燕
→30頁、134頁参照

麺はすべて北海道産小麦を使用したもの。細ストレート麺は札幌・さがみ屋製麺製で「魚介鶏塩白湯」に使う。一方「飛塩」用のちぢれ麺とつけ麺用の角平打ちストレート麺は、札幌の人気店「麺eiji」のオリジナル麺を使用。ちぢれ麺は道産小麦品種「ルルロッソ」の強いコシと味のよさが特徴。

中華麺のバリエーション

らぁめん用

つけ麺用

味噌らぁめん 一福 →39頁、136頁参照

らぁめん用は札幌ラーメンをイメージ。スープによくからみ、つるんとしたのど越しの中太ちぢれ麺を使用する。並盛り150g、ゆで時間2分。つけ麺用は、北海道産「春よ恋」でつくる中太平打ち麺。もっちりとしてのど越しがよく、小麦の香りが広がる。並盛り240g、ゆで時間5分30秒。どちらも三河屋製麺製。

レギュラー細麺

こんにゃく麺

らぁ麺 胡心房 →58頁、142頁参照

レギュラーの麺は、神奈川・相模原の中根製麺に特注し、国産小麦のブレンド粉に、石臼挽き全粒粉を2割加えて製麺してもらう。細麺は22番の長方形の切り刃でカット、太麺は太い平打ちにする。右は「ヘルシーセット」用のこんにゃく麺で、麺に似せてつくったしらたき。

中太麺

麺処 ほん田 →50頁、140頁参照

麺屋こうじグループの一員である千葉・松戸の「中華蕎麦 とみ田」(以下、とみ田)に製麺を委託。濃厚豚骨魚介のラーメン、つけ麺は同じ中太麺を用い、小麦粉は国産小麦100%のとみ田専用粉「心の味」を使用。濃厚なスープに合わせても小麦の風味を味わえるよう、太くなりすぎないように切り刃16番で製麺する。

ラーメン用

麺屋 藤しろ →62頁、143頁参照

ぱつんとした食感が濃厚な鶏白湯に合い、スープの持ち上げがよい菅野製麺所の低加水ストレート麺をラーメンに使用。並盛り130g。ゆで時間2分。つけ麺用は、国産小麦100%で香りがよい心の味食品の中太ストレート麺。「この麺を使いたくて、からみやすいつけ汁を考案した」という。並盛り200g。ゆで時間6分。

つけ麺用

担担麺、担担つけ麺用

醤油拉麺用

醤油つけ麺用

創作麺工房 鳴龍 →83頁、148頁参照

国産小麦粉で自家製麺。担担麺には加水率29%の歯切れのよい極細麺(切り刃26番)を使用。醤油拉麺用は18番、醤油つけ麺用は14番で切り出し、軽くつぶした多加水の平打ち麺を使う。他に22番で切り出す塩拉麺用も用意。担担麺用以外は全粒粉を加え、粉の風味を強調している。1日160食分を製麺。

中細麺

支那ソバ かづ屋
→90頁、150頁参照

「支那ソバ」、「担担麺」用の中細麺、「つけソバ」用の中太麺の2種を自家製麺する。中細麺、中太麺とも日穀製粉製の中華麺用粉「牛若」を使用。加水率は中細麺が37%、中太麺が40%。どちらもかん水の使用量を抑えているが、麺帯の状態で一晩ねかせてから製麺することでもちっとしたコシを引き出している。

ストレート細麺(全粒粉入り)

手もみ風ちぢれ中太麺

貝汁らぁめん こはく →78頁、146頁参照

麺は2種を使用。全粒粉入りのストレート細麺は名古屋の林製麺所、手もみ風ちぢれ中太麺は東京の三河屋製麺から仕入れている。小麦が香る細麺は醤油と塩ラーメンに、中太麺はスープとのからみを考慮して味噌ラーメンや油そばに合わせている。それぞれ1人前140gを使用する。

第3章

トッピングの技術

チャーシュー、ワンタン、味つけ玉子、メンマなどのトッピングはラーメンに欠かせない名脇役。近年は低温調理、鶏チャーシューなど、チャーシューのバラエティが広がり、つみれなどの個性派も登場。トッピングのプラスアルファで、お客の満足度をより高めています。

饗 くろ㐂
チャーシュー

まずオーブンで焼いて表面にこうばしさをつけ、中は低温調理でしっとりと仕上げる

　「塩そば」（18頁参照）は豚肩ロース肉の焼豚と鶏胸肉のチャーシュー、「味噌そば」（132頁参照）は豚バラ肉の煮豚、「鴨そば」（132頁参照）は低温調理した鴨ロース。「饗 くろ㐂」はそれぞれのラーメンの特性に合わせて4種のチャーシューを使い分けるが、いずれにも店主、黒木直人さんの卓越した技が随所に生かされていることが特筆される。

　「塩そばのスープはカツオだしの風味が強い。だしに合わせ、チャーシューもこうばしく焼き上げようと考えました」。黒木さんは煮豚ではなく、焼豚のチャーシューを塩そばに使用した理由をこう説明する。豚肉は赤身のうまみを引き出すため、バラ肉ではなく、肩ロース肉を使用。チャーシューだれも醤油、酒、ミリンのみを合わせ、余計な調味料は使用せず、肉のうまみを際立たせている。

　そして調理のポイントになるのが低温加熱だ。オーブンで肉の表面を軽く焼いたあと、肉を真空パックして3時間かけて湯煎。肉のタンパク質が固まらない温度でじっくりと芯まで加熱することにより、肉がパサつかず、適度な歯応えがあるチャーシューに仕上げている。

材料

豚肩ロース肉	5kg
チャーシューだれ（醤油、酒、ミリン）	適量

トッピング｜豚肩ロースチャーシュー（饗 くろ㐂）

1 豚肩ロース肉を縦半分にカット。赤身のうまみを引き出したチャーシューに仕上げるため、余分な脂はとり除く。

2 塩を振って5〜10分おく。下味をつける目的ではなく、塩を振ることで肉の余分な水分を抜き、たれを吸収しやすくするのが狙い。

3 肉をタコ糸で巻く。糸の強さはきつすぎず、ゆるすぎず、肉の角を丸めるように巻きつけることでチャーシューが形よく仕上がる。

4 チャーシューだれは濃口醤油、酒、ミリンを2:1:1で合わせたものを使用。和食の幽庵地より醤油を強めにしたシンプルなたれだ。

5 ビニール袋に豚肉とたれを入れ、冷蔵庫に保管して2日間浸け込む。肉が触れ合っている箇所はたれがしみにくいため、途中で肉を動かして肉全体がたれに浸るようにする。

6 350℃に熱したオーブンに入れて10分間焼く。オーブン加熱は肉の表面に焼き色をつけ、こうばしい風味を加えるのが狙い。

7 豚肉をビニール袋に入れる。真空パック機を置いていないため、ビニール袋を水に浸して空気を抜き、そこで袋を閉じることで簡易的な真空パックにしている。

8 寸胴鍋に水を溜めて60℃強に加熱。そこに真空パックした豚肉を約3時間浸して湯煎し、時間をかけて肉の芯まで火を通す。

9 カットずみのチャーシューは風味が飛んでしまうため、肉はツーオーダーでカットする。

麺処　ほん田
チャーシュー

トッピング ｜ 豚肩ロースチャーシュー（麺処　ほん田）

真空低温調理の技を駆使し、"チャーシュー＝煮豚"の常識を覆す

鮮やかなピンク色の断面と生ハムのような力強い弾力。「麺処 ほん田」店主の本田裕樹さんが「チャーシューといえば煮豚という常識を覆したい」と考え、編み出したのが豚肩ロース肉を真空低温調理したチャーシューだ。下味をつけた豚肩ロース肉を真空パックし、58℃の湯で2時間30分かけてじっくりと肉に火を通す。低温で加熱し、肉のタンパク質が凝固しないようにすることで独特な風味と食感のチャーシューに仕上がるのである。

同店でも豚バラ肉の煮豚をつくっているが、こちらのチャーシューには豚肩ロース肉を使用。「脂身はせっかく柔らかく仕上がった赤身肉のうまみを邪魔するため、脂身が少なく、赤身の味にすぐれたものをチョイスしています」と本田さんは説明する。真空低温調理する前に黒コショウを強めに振ってスパイシーなアクセントをプラス。また、最後に豚肉の表面をオーブントースターで焼いてこうばしさを加えるなど、風味アップの工夫も見逃せない。

材料

豚肩ロース肉	9kg
チャーシューだれ	適量
┌つけ麺用醤油だれ	適量
｜中華蕎麦用醤油だれ	適量
└水	適量
塩、黒コショウ	適量

真空低温調理は赤身肉のうまみを引き出すのに適した調理法。脂身が少ない豚肩ロース肉をチルドで仕入れている。

1 豚肩ロース肉は余分な脂身をとり除き、脂身はスープのうまみ出しに用いる（53頁参照）。肉は縦半分にカットし、1本当たり1kgのサイズにする。

2 豚肉をタコ糸で巻く。糸の強さはきつすぎず、ゆるすぎず、2cm程度の間隔で巻いていく。

3 チャーシューだれはつけ麺（140頁参照）用の醤油だれ、「中華蕎麦」（141頁参照）用の醤油だれ、水を合わせたものを使用し、スープとの調和を図っている。

4 豚肉を1本1本キッチンペーパーで包んで並べ、チャーシューだれをかけて冷蔵庫で1日保管する。キッチンペーパーで包むことで肉全体にたれをいきわたらせることができる。

5 豚肉からキッチンペーパーをとり除いてたれを軽くきり、塩、黒コショウを振る。黒コショウは強めに振って、味にアクセントをつける。

6 真空パック器を使い、豚肉をパッキングする。真空パック器は家庭用を使用している。

7 寸胴鍋に豚肉を並べ、熱湯をひたひたになるまで注ぐ。58℃の湯に2時間30分浸して低温加熱する。

8 湯の温度が下がるため、1時間経ったら熱湯を入れ替える。2時間30分経ったら、豚肉を指で押して弾力で火の通り具合を確認する。冷蔵庫で保存する。

9 冷蔵保存していた豚肉をオーブントースターで40分焼いて仕上げる。表面に焼き色をつけてこうばしさを加えるとともに、豚肉の中心まで温め直すのが目的だ。

創作麺工房 鳴龍
肩ロースチャーシュー

豚肩ロース肉を濃口醤油とバルサミコ酢とともに
低温で加熱。しっとり、とろけるような食感に

「創作麺工房 鳴龍」で提供する2種のチャーシューのうち、豚肩ロース肉は64〜66℃の湯で約2時間加熱し、とろりとやわらかな食感に仕上げる。
　以前は塩、コショウで下味をつけた肉を低温の油に浸けるコンフィの調理法で仕上げていたが、「醤油の風味を加えたいと考え、液体の調味料を加えることができる低温調理に変更した」と店主の齋藤一将さん。豚肩ロース肉は均等な大きさにカット。低温調理では柔らかくならないスジの部分や、嫌う人の多い脂をていねいにとり除いたのち、塩、砂糖、コショウをまぶしてマリネ。下味をつけた肉と濃口醤油、バルサミコ酢をポリ袋に入れ、水圧を利用して真空状態に。IHコンロで温度を保ちながら芯まで火を入れる。

肩ロースチャーシュー
豚バラチャーシュー

材料

豚肩ロース肉	3本
マリネ用調味料*	適量
バルサミコ酢	40㎖
濃口醤油	100㎖

*塩、上白糖、黒コショウ、白コショウを混ぜ合わせたもの。

1 豚肩ロース肉を縦に2等分し、余分な脂やスジを除く。

2 マリネ用調味料を全体にまんべんなくまぶし、バットに並べてラップフィルムをかける。14時間冷蔵庫において味をなじませる。

3 ジッパーつき調理バッグに肉を1本ずつ入れ、バルサミコ酢と濃口醤油を合わせた液を20㎖ずつ加える。

4 ジッパーつき調理バッグの空気を抜き、水に沈めて中の空気を押し出して真空に近い状態にする。

5 寸胴鍋の底に網を敷き、水を入れて64〜66℃を保ちながら2時間〜2時間10分加熱するようIHコンロのタイマーをセットする。水温が64℃になったら4のジッパーつき調理バッグを沈める。

6 タイマーが切れたら、そのまま冷めるまでおき、余熱でゆっくり火を入れる。完成後はジッパーつき調理バッグに入れた状態で冷蔵保存する。

創作麺工房 鳴龍
豚バラチャーシュー

塩、砂糖、スパイスでマリネした豚バラ肉を
スチームコンベクションオーブンでこんがり焼成

　豚バラ肉でつくるチャーシューは、塩、砂糖、コショウで下味をつけ、オーブンで焼き上げるシンプルな調理で、脂の甘み、肉のうまみを際立たせる。
　半年前まで前店から引き継いだ古いガスオーブンを使用していたが、スチームコンベクションオーブンに替えたことで「表面が焦げつかずにふっくら焼き上がり、噛むと脂と肉汁のうまみがじゅわっと広がるようになった」と齋藤さん。豚バラ肉は脂の少なめなものを仕入れ、アバラの間の脂やスジなどを除去したのち、調味料でマリネ。コンビモードでふっくら蒸し焼きにしてから、温度を落として中心部まで火を通す。2段階の火入れで焼き縮みを防ぎ、こうばしさがありながらも、しっとり柔らかな食感に仕上げている。

材料

豚バラ肉ブロック	約2kg
マリネ用調味料*	適量

＊塩、上白糖、黒コショウ、白コショウを混ぜ合わせたもの。

1　豚バラ肉の余分な脂やナンコツ、スジ、膜をとり除く。

2　約6cmの幅にカットし、マリネ用調味料を全体にまんべんなくまぶす。

3　バットに並べてラップフィルムをかけ、冷蔵庫に一晩おいて味をなじませる。

4　アルミの波板天板に豚バラ肉をのせる。

5　スチームコンベクションオーブンをコンビモードに設定し、130℃・スチーム40のオーブンで40分焼き、100℃に下げてさらに25分火を入れる。

6　オーブンから出し、粗熱をとって冷蔵保存する。

麺や維新
鶏チャーシュー

醤油ベースのたれに浸けた鶏ムネ肉を65℃で真空調理。
鶏のうまみたっぷりのスープと調和するやさしい味に

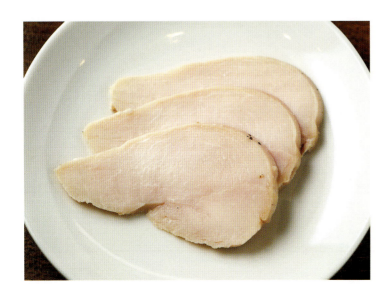

「麺や維新」では、しっとりやわらかな鶏チャーシューと豚肩ロース肉使用の煮豚のチャーシューの2種を用意。豚チャーシューのみを使用する「醤油らぁ麺」など数種のメニューを除く、ほとんどのラーメン、つけ麺に鶏チャーシューをトッピングして提供する。
「肉々しい豚チャーシューは苦手という人も多いので、比内地鶏のうまみを生かしたスープと相性のよい鶏チャーシューで当店らしさを打ち出した」と店主の長崎康太さん。鶏はムネ肉を使用し、ソミュール液で一晩マリネしたのち、低温調理。ぱさつきがちなムネ肉の水分とうまみを逃さず、ふっくらとした食感に仕上げる。完成後は冷蔵保存し、厚さ2～3mmにカットして使用する。

材料

鶏ムネ肉	8kg
ソミュール液	
┌水	3ℓ
│濃口醤油	200mℓ
│塩	560～640g
│グラニュー糖	80g
│赤唐辛子(輪切り)	ひとつまみ
│黒コショウ	適量
│おろしショウガ	適量
└ローズマリー	1本

1 鶏ムネ肉の皮を除き、血管やスジを切りとる。

2 ローズマリー以外のソミュール液の材料を合わせ、ホイッパーでよく混ぜる。

3 ソミュール液に鶏ムネ肉を浸け、上にローズマリーをのせる。蓋をして冷蔵庫に2日間おく。

4 ソミュール液に2日間浸けた鶏ムネ肉を3～4枚ずつ真空パック用ポリ袋に入れて平らにならす。空気を抜き、口をシーラーで閉じる。

5 寸胴鍋に水を入れて加熱し、袋に入れた鶏ムネ肉を立てた状態で浸す。70分加熱する。

6 湯から出し、粗熱がとれたらポリ袋に入れた状態で冷蔵保存する。

新鮮な豚挽肉でつくる肉あんをたっぷり使用。
自家製の厚めの皮で包んでしっかり火を通す

支那ソバ かづ屋
ワンタン

「ワンタンメン」は「支那ソバ かづ屋」のロングセラーメニュー。同店のワンタンの特徴は、自家製の皮とたっぷりの肉あんを使用している点。つるつるとした口あたりのなめらかさと弾力のある食感は、市販の皮とは一線を画すおいしさだ。中にはよく練り込んだあんがぎっしりと詰められ、うまみたっぷりのジューシーな肉の味が口中に広がる。あんには、肉本来の味とほどよい噛みごたえがある、国産豚の赤みの強い部分を使用。鮮度が大事なので、必ず発注してから挽いてもらっているという。この挽肉に、ラーメンの醤油だれで一体感を、オイスターソースでこくを加えている。ゆでるときは、たっぷりの湯で、泳がせるように。肉が多いと、肉に火が通る前にまわりの皮が溶けてしまうので、皮はやや厚めにつくっている。

材料（約200個分）

豚挽肉	2kg
タマネギ	166g
長ネギ（白い部分）	83g
ショウガ	50g

調味液（下記の材料を混ぜ合わせる）

ゴマ油	75ml
支那ソバ用醤油だれ	180ml
コショウ	レンゲ1/3杯
オイスターソース	レンゲ1杯（約25ml）
老酒	レンゲ1杯（約25ml）
ワンタンの皮	約200枚

1 ボウルに豚挽肉、みじん切りにしたタマネギ、長ネギ、ショウガを入れ、調味液を加える。

2 てのひらとボウルの肌の間に肉を入れるイメージで練り混ぜる。一定方向に手ばやく練るのがポイント。

3 5～10分ほどしっかり練って、ボウルの肌に肉がくっつくくらいに粘りが出たら、蓋つきのバットに移す。

4 皮の中央にあん10gをのせる。

5 2つ折りにしながら、ひだをつくってあんを包む。てるてる坊主をつくるイメージで。

6 注文が入ったら静かに沸騰させた湯に入れる。湯の中でくっつかないようにばらし、3分ゆでる。残り1分になったら麺を投入。

麺処 銀笹
鯛つみれ

トッピング　鯛つみれ（麺処 銀笹）

淡いピンク色の上品な色合いと、シャキシャキした食感にこだわった鯛の身入りのつみれ

ラーメンの上に2個トッピングする「麺処 銀笹」の鯛つみれは、サクラエビを入れてほんのりとしたピンク色に仕上げている。塩と昆布にこだわる同店らしく、ゆで汁に塩と昆布茶を入れてあっさりと味をつける。また、春夏はタケノコ、秋冬はレンコンを加え、シャキシャキとした食感を出している。タケノコやレンコンはさいの目に切り、魚のすり身とよくくっつくように、片栗粉をまぶしてから加える。3日に一度、3日分をまとめてつくり、ゆで汁に浸けて冷蔵保存する。一番よい状態を保てるように、つみれがふっくらとゆで上がったら、それ以上は火が通らないように引き上げてすぐに冷まし、ゆで汁も別途冷まし、再度一緒に密閉容器に入れて保存する。

材料

鯛の身	1kg
干しサクラエビ	142g
ショウガ	350g
長ネギ	5本
白身魚のすり身	6kg
全卵	2個
卵白	2個分
白醤油	10㎖
片栗粉	60g
タケノコの水煮	3kg
塩	14g
昆布茶	18g

鯛の身と白身魚のすり身を使用。また、春夏はタケノコ、秋冬はレンコンを加えてシャキシャキした食感を出す。

1

鯛の身、干しサクラエビ、ショウガ、長ネギを、それぞれ単独でフードプロセッサーにかけて細かくする。

2

1をひとつのボウルに入れる。

3

白身魚のすり身を4回くらいに分けてフードプロセッサーにかけ、全卵、卵白、白醤油を合わせ、2とともに全体を混ぜ合わせる。

4

タケノコの水煮はさいの目に切って5分ほど下ゆでする。きれいに掃除し、水にさらしておく。水をきって片栗粉をまぶす。

5

3に4を加え、全体をよく混ぜ合わせる。

6

たっぷりの湯を沸かし、塩、昆布茶を入れる。5を丸く成形しながら入れ、火を通す。

7

ときどきアクをとりながらゆで、つみれが全部浮いてきたらゆで汁から引き上げ、バットに広げて冷ます。

8

ゆで汁も氷水にあててすばやく冷まし、味が変わらないようにする。

9

冷めたつみれとゆで汁を一緒に密閉容器に入れ、食感も味わいもよい状態を保てるようにし、冷蔵庫で保存する。

麺屋 藤しろ
豊潤味付け玉子

麺つゆと節粉を合わせた薄味のたれに浸け込み、
魚介の香り漂う、ねっとり、こくのある味玉に

　口に含むとふんわり魚介の香りが広がる、藤しろの「豊潤味付け玉子」。濃厚な鶏白湯の風味に負けない、存在感のある味、香りは、サバ節粉とカツオ節粉、麺つゆ、水を合わせ、加熱せずに素材の風味をそのまま生かしたシンプルな浸けだれから生まれる。市販の麺つゆや節粉を使うレシピは、「魚の香りが際立つ味玉をつくりたいと考え考案。毎日ブレなく、安定して同じ味に仕上がる方法を工夫した」と店主の工藤泰昭さん。浸け込む時間の長短で仕上がりに差が出ないよう、浸けだれは薄味に調味。時間が経っても塩味が濃くなりすぎないようにしているのも特徴のひとつだ。

　卵は沸騰した湯に投入し、ゆで時間は6分20秒。浸けだれに8時間から1日浸けている間に塩分が適度に黄身に浸透し、ねっとりとした半熟玉子に仕上がる。

材料（100個分）

生卵（MS玉）		100個
A	サバ節粉	大さじ2
	カツオ節粉	大さじ2
	麺つゆ	450㎖
	水	650㎖

1 殻が割れるのを防ぐため、空気の入っている底の部分に細い針を刺して穴を開ける。

2 ザルに1の卵を入れ、沸騰した湯に沈めて6分20秒ゆでる。冷水にとって冷やし、殻をむく。

3 Aの材料を合わせて混ぜる。

4 2のゆで卵を3のたれに浸ける。

5 キッチンペーパーで落とし蓋をし、冷蔵庫で保存する。

6 8時間以上おいてから使用する。

麺屋 藤しろ
煮タケノコ

くせがなく、歯ざわりのよいマチクに、カツオ節や昆布をきかせた和風だしのうまみをふくませる

「メンマの独特の発酵臭が苦手だったため、代わりとなる素材を探し、歯ざわりのよいマチクを使うことにした」と話す店主の工藤さん。マチクは厚さ約2mmにスライスされた水煮缶を使用。味つけは、カツオ節と昆布のうまみをきかせた和風だしでさっぱりと仕上げる。

だしは、まずカツオ節と昆布、水を合わせて沸騰寸前まで温めたあと、そのまま4時間ほどおいてうまみを抽出。これを漉して濃口醤油、日本酒、ミリンを加えてマチクを投入し、沸騰したら火を止めて、汁が冷えていく間に味をふくませる。シャキッとした心地よい歯ざわりを残しつつ、だしのうまみをまとわせたマチクからは、カツオ節のほのかな香り。濃厚な鶏白湯やぱつんとした食感の低加水麺とバランスよく調和する、上品な味わいの煮タケノコに仕上げている。

材料

A	水	6.6ℓ
	カツオ節（厚削り）	300g
	真昆布	50g
タケノコの水煮（薄切り）		7.2kg
濃口醤油		600g
日本酒		240g
ミリン		240g

1

Aの材料を鍋に入れて火にかけ、沸騰寸前に火を止める。その状態で4時間おいてうまみを引き出す。

2

流水で洗い水けをきったタケノコの水煮を鍋に入れ、1の汁を漉しながら注ぐ。濃口醤油、日本酒、ミリンを加える。

3

中火にかけ、沸騰したら火を止める。

4

室温において冷まし、冷えたら密閉容器に小分けして冷蔵保存する。

らぁ麺 胡心房
メンマ

2日かけて発酵臭などを抜いた穂先メンマを
柔らかく煮た、ラーメンのなかでのおかず的存在

「らぁ麺 胡心房」では、メンマはラーメンのなかでのおかずのような存在と考えている。また、必ず生野菜をトッピングするので、野菜のシャキシャキ感とのコントラストをつけるため、メンマは柔らかめに仕上げている。穂先メンマの水煮の発酵臭などを抜くために、RO水に浸けていったん沸騰させ、そのまま冷まし、翌日に水をとり替えてもう一度沸騰させ、そのまま冷ますという、2回のゆでこぼし作業を2日かけて行う。日高昆布と羅臼昆布のあっさりした和風だしを利用するのも特徴で、チャーシューだれを加えて、深みのある味わいに仕上げている。ラーメンに盛りつけるときは、上にタカノツメの輪切りをひとつのせるのもこだわりのひとつ。2日に1回のペースで仕込んでいる。

材料

穂先メンマ（水煮）	6kg
和風だし	
（日高昆布、羅臼昆布のだしガラ、アジ節、	
干しシイタケでとった薄めのだし）	600㎖
砂糖	100g
ミリン	200㎖
濃口醤油	200㎖
淡口醤油	250㎖
チャーシューのたれ	50㎖
赤唐辛子	6g
豚バラ肉の挽肉（脂身の少ないところ）	800g
日高昆布（だしを引いたあとのもの）	150g
酢	適量
自家製ネギ油	
（長ネギの青い部分の小口切り、花山椒、	
黒コショウ、赤唐辛子を揚げて香りをつけた油）	20㎖
ゴマ油	適量

ゆでこぼしの作業を2回行い、発酵臭を抜いた穂先メンマ。

1 2日かけて2回ゆでこぼし、発酵臭などを抜いたメンマを水きりする。鍋にキャノーラナタネ油（材料外）を敷いて熱し、一気にメンマを全量入れ、和風だしを入れる。

2 砂糖を入れ、ミリン、濃口醤油、淡口醤油、チャーシューだれを合わせたものを入れる。小口切りにした赤唐辛子を加える。

3 豚挽肉を入れてよく混ぜ、肉に火を通す。

4 中火で40分ほど煮る。液体調味料による水分はあるが、多くはないので、味がしみ込みやすいように木蓋をして炊く。

5 加熱中は焦げないように、5分に1回木蓋を開けて全体をかき混ぜる。

6 和風だしをとったあとの日高昆布を細切りにしておく。

7 40分ほど経ち、汁けがなくなったところで酢を加え、細切りにしておいた日高昆布を真ん中に入れて山にし、弱火にする。

8 さらに5分ほど煮て昆布の周りがぐつぐつとしてきたら、ネギ油、ゴマ油を加える。

9 全体をよく混ぜて、とり出して広げ、冷ます。冷蔵し、翌日から提供する。

第4章

メニューバリエーション

第1章でスープづくりを指南いただいた16店のその他の人気メニューを紹介。昨今の傾向として、「醤油」「豚骨」がメインの店が、曜日限定で「味噌」「煮干し」など通常とは異なるメニューにチャレンジするケースが増えています。つけ麺、混ぜそばは、いまや定番に。

＊掲載商品、商品価格は、2016年7月時点のものです。

麺や維新

比内地鶏のだしをきかせた鶏系スープとアジやイワシの煮干しでとる魚介系スープの2種を用意。鶏系は「醤油らぁ麺」「わんたん麺」「柚子塩らぁ麺」など8品、魚介系は「煮干しらぁ麺」「細つけ麺」など3品をそろえる。

醤油らぁ麺（750円）
→8頁参照

メニューバリエーション

特醤油らぁ麺

柚子・塩らぁ麺

鶏挽肉にタマネギを加え、「スープになじむふわっとした食感」に仕上げたワンタン、味つけ玉子、鶏チャーシュー、豚チャーシュー、穂先メンマ、青ネギをトッピング。比内地鶏の鶏油を香味油として加える。醤油だれは生醤油と再仕込み醤油を合わせキレ味よく。（980円）

煮干し、カツオ節、マグロ節、昆布、アサリなどでとっただしに3種の海塩を加え、3日間ねかせたまろやかな塩だれが鶏のうまみの詰まったスープによく合う。トッピングは鶏チャーシュー、メンマ、長ネギ、三つ葉。ユズの香りと韓国唐辛子の辛みを添えて。（850円）

煮干しらぁ麺

煮干しでとった魚介だしと背ガラでとった鶏だしを合わせたスープは、うまみ、甘み、ほのかな苦みが調和した、すっきり上品な味わい。豚チャーシュー、メンマ、赤タマネギ、三つ葉、糸唐辛子をトッピングし、鶏系とは異なる仕立てに。(750円)

細つけ麺

つけ汁は魚介系スープに醤油だれを合わせ、キリッと辛口に。麺には鶏チャーシュー、メンマ、三つ葉、糸唐辛子、スダチをトッピング。「らぁ麺」と同じ細麺を使用し、マグロ節でとっただしを下に敷くことで麺のほぐれをよくし、魚介のうまみを強化した。(800円)

麺処 まるはBEYOND

定番メニュー4種に対して、5種のスープベースをブレンドして使う。とくに「中華そば」は、肉や魚介のクセのない、クリアなダブルスープにたれや香味油を加えるので、見た目はシンプルだが味が豊か。

中華そば 醤油（750円）
→14頁参照

メニューバリエーション

中華そば 塩

鶏清湯に煮干しの二番だしを3：1で合わせ、鶏油で仕上げる。麺は「中華そば 醤油」と同じ角中細麺。脂分の少ない澄んだスープは鶏魚介のまろやかなうまみが長く続く。具材はチャーシュー2枚と切りそろえた甘しょっぱいメンマ、ネギ2種、焼き海苔。　（750円）

背脂みそ

質のよい脂の風味が印象的な味噌ラーメン。スープは味噌だれと豚清湯に背脂、麺は「オールド札幌麺」（106頁参照）を使用。モヤシ、タマネギ、ニンニク、豚挽肉をラードで炒めて香りを立たせた具をのせ、マー油を加える。（750円）

つけそば

豚骨魚介よりもライトで粘度の低めな魚介系のつけ汁をしっかり持ち上げるように、表面積の大きい平角太麺を選択。つるつるとしていて、弾力のある食感が特徴だ。具材はサイコロチャーシュー、メンマ、小ネギ。つけ汁は魚介の味が強く、酸味はおだやかで、ユズがほのかに香る。割りスープも煮干しベース。（800円）

饗 くろ㐂

「塩そば」「味噌そば」が2枚看板。そこに金曜限定の「鴨そば」と年間35種を投入する限定麺などを加え、バリエーションを拡げている。ラーメンごとに異なるスープ、たれ、麺、具材を用いている。

塩そば（850円）
→18頁参照

メニューバリエーション

味噌そば

繊細なうまみを追求した「塩そば」とは対極にある骨太なうまみが真骨頂だ。スープは鶏白湯に魚のすり身を合わせてとろみを出し、味噌だれは信州味噌と京都の白味噌にゴマ、アーモンドなどを練り込んで濃厚なこくを追求。具材の野菜炒めに生タマネギのみじん切りを混ぜてシャキシャキとした食感を加えている。

（800円）

鴨そば

金曜のみ「紫 くろ㐂」と店名を変え、「鴨そば醤油専門店」として営業。スープは鴨の首ガラ、胴ガラ、足を用い、加熱温度の管理を徹底して鴨のうまみを抽出。そこに小豆島産の生醤油、本生醤油、再仕込み醤油をブレンドした醤油だれを合わせ、風味豊かな1杯に仕上げた。低温加熱した鴨ローストとともに、生の春菊とタマネギのコンフィを具材にしている点も個性的だ。（900円）

麺処 銀笹

修業先の和食店で出していた鯛飯をヒントに、鯛飯と塩ラーメンを合わせ、最後にラーメンのスープで鯛茶漬けにしてもらうという、独自のスタイルを考案。近年は冬季限定のポタージュ風ラーメンも好評。

銀笹塩ラーメン（850円）
→24頁参照

焦がし味噌ポタ

ジャガイモ、ニンジン、タマネギをフードプロセッサーにかけ、真空パックに詰めてゆで、動物系スープと合わせて弱火で1時間ほど詰める。ニンニク、ショウガ、干しシイタケなどの地で、白味噌、赤味噌、八丁味噌の合わせ味噌をのばす。この合わせ味噌を丼の中でバーナーで炙り、スープを注ぐ。中太ストレート麺を合わせている。
（880円）

鯛飯

タイのアラを掃除し、酒、塩を入れた水に1時間浸けてくさみを抜く。グリルで焼き、米、水、塩、白醤油、昆布を合わせた中に加えて炊く。炊き上がったらアラだけとり出して身をほぐし、身をご飯に戻して混ぜる。ラーメンのスープで鯛茶漬けにしてもらうため、鯛飯はやや硬めに炊く。ラーメンは注ぎ口のついた特注の丼を使用する。
（350円）

我流麺舞 飛燕

鶏首ガラと魚介、昆布、野菜でつくる白湯がベースのラーメン8種が定番。4種の香味油が味のバリエーションになる。鶏白湯は濃いまろやかさがもち味だが、脂に頼らずこくを出すので食後感はすっきり。

魚介鶏塩白湯（750円）
→30頁参照

メニューバリエーション

我流札幌ラーメン 飛塩

昔の札幌ラーメン風のコシの強いちぢれ麺と、中華鍋で仕上げるスープが特徴。ラードとニンニクを白煙が出るまで熱し、挽肉、モヤシ、タマネギを炒めて炎を上げ、塩だれと鶏白湯スープを注ぐ。丼に敷いておいた上質のラードとスープに香る焦がしラードが、丼の中で調和する。　　　　　　　（750円）

塩つけ麺

角平打ちストレート麺は、中力粉系のふんわりした食感を生かして、軽く締める。つけ汁は鶏白湯と塩だれ、鶏油を沸かし、キャベツ、エリンギ、レモン、コショウを加えて再度沸かす。割りスープは丼に青ネギと麸を入れて熱々を注ぎ、ネギの香りを立てて提供する。　　　　　　　　　　（750円）

東京スタイルみそらーめん ど・みそ 京橋本店

4種の「みそらーめん」と夏季限定の「みそつけ麺」が京橋本店のメニューラインアップ。すべて「特みそこってりらーめん」をベースにしているが、辛味調味料やカレー粉などでアレンジを加えて味わいに変化をつけている。

特みそこってりらーめん（930円）
→34頁参照

特みそらーめん

「特みそこってりらーめん」で大量に振る背脂を抜いたラーメン。背脂がないぶん、スープの口あたりが軽くなる一方、味噌やニンニク香味油の風味がより強調された味わいに仕上がる。注文数は特みそこってりらーめんが断トツに多いが、「特みそらーめん」は味噌好きのお客などから根強い支持を集める商品だ。　（930円）

みそオロチョンらーめん

みそカレーらーめん

こちらも期間限定メニューからレギュラーメニューに昇格した商品。「特みそこってりらーめん」のチャーシューを肉そぼろに変え、独自に配合したカレー粉を振って糸唐辛子を添える。味噌とカレー粉の相性のよさに着目して開発したもので、アレンジはシンプルだが、カレー粉のスパイシーな風味で異なる味わいに変化させている。　（1000円）

創業から2〜5年めにかけて月1回のペースで期間限定ラーメンを投入。「みそオロチョンらーめん」はそのうちの1品であり、とくに評判が高かったことからレギュラーメニューに昇格した。スープや麺などは「特みそこってりらーめん」と共通。スープに豆板醤ベースの辛味調味料を合わせ、スープでボイルした肉そぼろを盛りつけてたっぷりのカイエンペッパーを振る。　（1000円）

味噌らぁめん 一福

看板商品の「味噌らぁめん」に加え、味噌ベースの「味噌ぴりからぁめん」「囲炉裏麺」、担担麺風の「ごまみそずい」などラーメンは5品を提供。つけ麺は「味噌つけ麺」「トマトのつけ麺」など4品をラインアップする。

味噌らぁめん（730円）
→39頁参照

メニューバリエーション

囲炉裏麺　5種の味噌を合わせた味噌だれに、酒粕と豆乳を合わせたペーストを加えることで自然な甘みとこくがじんわり広がるスープに。豚挽肉入りのピリ辛肉味噌をのせて味わいの変化を楽しんでもらう仕立てとした。具材は焼きネギ、長ネギ、水菜、角切りチャーシュー。手に入ったときはサメの軟骨をトッピングする。　　（1080円）

味噌ぴりからぁめん

「味噌らぁめん」のスープに豆板醤とニンニクを合わせた辛味噌をプラス。仕上げにのせた辛味噌を溶かして、辛さを調節する。具材は、やわらかい豚のモモ肉でつくったぶ厚いチャーシュー、メンマ、長ネギ、焼き海苔。「長ネギは当初、小口に切っていたが歯ざわりを考慮し、あられ切りに変更した」（店主・石田久美子さん）。　　　　（830円）

トマトのつけ麺

味噌だれ、辛味噌、トマトソース、スープを合わせたつけ汁に、ゆでた枝豆、ピーナッツ、メンマ、角切りチャーシュー、長ネギを加えて甘み、酸味、うまみのバランスのとれた1品に。麺は国産小麦使用の中太麺。きざんだ大葉をのせて提供する。トマトソースはトマト缶、タマネギ、ニンニクを煮込み、シンプルで飽きない味に仕上げている。
　　　　　　　　　　　（900円）

麺や庄の

濃厚豚骨魚介スープを用いた「らーめん」「つけめん」がメニューの柱。その脇を固めるように「一汁三彩つけ麺」や曜日限定のラーメン、月替わりの創作ラーメンをそろえることで多様なメニューバリエーションを提案している。

らーめん（760円）
→44頁参照

特製らーめん

すべてのトッピングを盛りつけた「全種盛り」の「らーめん」。スタンダードのらーめんは、濃厚な豚骨魚介スープに負けない豚バラ肉の表面を炙った厚切りチャーシューを盛り、穂先メンマ、九条ネギ、海苔の他、タマネギのみじん切りとフライドオニオンを散らして味わいに変化をつけている。全種盛りはそこに、豚肩ロース肉を低温加熱したローストポークと味つけ玉子が加わる。　（960円）

灼熱辛味噌らーめん

売上げが下がりやすい月曜の限定メニューとして提供。ショウガの風味をきかせた鶏白湯スープに赤唐辛子、ニンニク、ショウガ、花山椒でつくった辛味噌を合わせる。麺はつけ麺用の太麺を使用。トッピングのチャーシュー、モヤシ、白髪ネギの他、辛みをまろやかにする豚背脂を盛りつける。　（900円）

メニューバリエーション

つけめん

つけ汁には「らーめん」と同じ濃厚豚骨魚介スープと醤油だれを用いるが、そこにタマネギ、ニンニクの風味をきかせた香味油（153頁参照）を合わせる。自家製の太麺はうどん用粉の「神心宝船」（日本製粉）を主体にしてもっちりとした食感に仕上げ、全粒粉をブレンドすることで小麦の香りを立たせている。　　　（790円）

一汁三彩つけ麺

2012年4月に販売した創作ラーメンを14年4月からレギュラーメニュー化。内容は定期的に変更され、ここではつけ麺用の太麺の上にレンコン、カボチャ、ゴボウの素揚げと水菜、おからの味玉和えなどを盛り、そこにショウガ風味がきいたつけ汁と特製ドレッシングを合わせる。カツオだしのあんかけチャーシュー、ホウレン草のお浸しなどの小皿料理を添えて提供する。　　（950円）

麺処 ほん田

豚骨ベースの"こってり"と鶏ガラベースの"あっさり"。2タイプのスープを使って4種のラーメン、つけ麺をラインアップ。それぞれに異なるたれを用意し、さらに香味油を加えて個性を追求している。

濃厚豚骨魚介らーめん（780円）
→50頁参照

メニューバリエーション

濃厚豚骨魚介
味玉つけ麺

注文率の4割を占める看板商品。魚粉入りの「魚介風味」とユズ皮入りの「柚子風味」が選べる。「濃厚豚骨魚介らーめん」と共通のスープを用いており、動物系スープは豚ゲンコツ、豚カシラ、モミジなどの食材量を増やしてより濃厚さを追求。つけ汁は2種の淡口醤油でつくったつけ麺用のたれに酢や一味唐辛子を合わせる。トッピングの「味玉」もブランデー入りのたれに漬け込んで個性を打ち出している。　　（880円）

手揉み中華蕎麦（醤油）

「香味鶏だしラーメン」として提供していた醤油ラーメンは2015年にメニューを一新。醤油だれは、生醤油、濃口、淡口、再仕込みなど計6種の醤油と酒やミリンなどを合わせて3日間ねかせ、醤油の重層的な風味を引き出している。スープも那須御養鶏の鶏ガラに変更したのをはじめ、食材の使用量も全体に増やして味の厚みを増した。ちなみに、「味玉」は那須御養卵を使用している。
（770円）

手揉み中華蕎麦（塩）

塩だれは昆布、カツオ節、干しホタテ貝柱、スルメイカなどからとった濃厚な魚介だしに3種の岩塩と海塩、白醤油などの調味料を合わせたもの。醤油ラーメンと同じように、鶏ガラスープと魚介系スープをツーオーダーで合わせるダブルスープを使用しているが、仕上げに香味油と煮干し油を加えることで、淡泊でありながらも魚介の風味豊かなラーメンに仕上げている。（770円）

らぁ麺 胡心房

基本のラーメンはスープ、たれともに1種とし、季節限定商品などでバリエーションを出している。ビタミンCと食物繊維が不足しがちなラーメンだが、麺のカロリーを半減した独特のセット商品も開発。

味玉らぁめん(800円)
→58頁参照

メニューバリエーション

旨ダレそば

国産小麦粉を使った麺そのもののうまみを味わってもらうため、レギュラー細麺と同じ麺帯を、太めの平打ちにした麺を使用。特製だれに、植物性油脂100%を使った自家製香味油2種を加えて和え、チャーシュー、薬味ネギ、ニンニクチップ、きざみ海苔をトッピングしている。　　　　　　　　（650円）

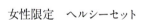

女性限定　ヘルシーセット

「ヘルシーらぁめん」は、スープに加える脂の量を減らし、麺はレギュラー細麺とカロリーゼロのこんにゃく麺を半々で使用したもの。これに10品目サラダ、本日のヘルシーデザートとの組合せで、通常のラーメン2分の1杯分ほどのカロリーに抑えたセットを提供する。クオリティを保つために1日20食限定で販売。
（980円）

麺屋　藤しろ

スープは鶏白湯1本で勝負。メニューはラーメン3品、つけ麺3品をそろえ、チャーシュー、ナルト、煮タケノコ、焼き海苔、青ネギが入る基本系の他、味つけ玉子入りの「味玉」、具材が増量となる「特製」をそろえる。

濃厚鶏白湯ラーメン（750円）
→62頁参照

濃厚鶏白湯 特製つけ麺

心の味食品の中太ストレート麺がよくからむよう、つけ汁は鶏白湯スープにモチゴメを加え適度な濃度に。レモン果汁、ザラメ、魚粉を加え、濃厚でありながらも甘ずっぱさが後を引く、まろやかな味わいに仕上げた。つけ汁には角切りチャーシュー、ナルト、九条ネギを加えた青ネギを投入。麺は中盛（300g）まで無料。大盛（450g）プラス100円、特盛（600g）プラス150円。　　　（980円）

濃厚鶏白湯 特製ラーメン

8時間炊いた濃厚な鶏白湯スープに魚介の香り豊かなかえし、菅野製麺所の低加水麺という組合せ。トッピングは、豚肩ロースを低温でしっとりソフトに煮たチャーシュー、魚介の風味をきかせた味つけ玉子、タケノコの水煮を魚介だしで煮た煮タケノコ、九条ネギをミックスした青ネギ、焼き海苔5枚。ナルトが丼に彩りを添える。麺は並盛が140g。大盛（225g）プラス100円。　　　（980円）

麺劇場 玄瑛 六本木店

イベリコ豚からとったスープ、香味豊かな自家製XO醤、醤油から独自開発した醤油だれ。主力の玄瑛流ラーメンだけでなく、醤油ラーメンも「うまみ成分」を切り口としている。メニューは「玄瑛流」と「醤油」の2品のみ。

XO醤薫イベリコ豚の
玄瑛流ラーメン（920円）
→68頁参照

メニューバリエーション

XO醤薫イベリコ豚の醤油ラーメン

イベリコ豚を使った動物系スープに合わせる魚介だしにシジミを用いているのが味の決め手。淡泊な味わいのスープだが、昆布のグルタミン酸、カツオ節、サバ節、ウルメイワシ煮干し、焼きアゴのイノシン酸、シジミのコハク酸という多様なうまみ成分を集約。さらに醤油だれには干しシイタケを合わせてグアニル酸のうまみも加えている。　　　　　　　　（820円）

つけめん TETSU 千駄木本店

「つけめんTETSU」は店ごとに品ぞろえを変えており、看板商品のつけ麺は5種のバリエーションがある。千駄木本店ではスタンダードタイプの濃厚豚骨魚介スープ×太麺を昼、鶏魚介スープ×中太麺を夜に提供する。

つけめん（800円）
→72頁参照

まぜそば

2012年にレギュラーメニューに加わった商品。「つけめん」に用いる醤油だれをカツオだしと背脂のスープでのばしたものを器に入れ、そこに「夜のつけめん」用の中太麺、モヤシ、キャベツ、メンマなどの具材とともに細かくきざんだチャーシューの脂身、醤油だれを和えたニンニクのみじん切りを盛りつける。（800円）

夜のつけめん

昼の濃厚な豚骨魚介スープの「つけめん」に対し、夜は鶏白湯をベースにした鶏魚介スープの「つけめん」を提供。鶏ガラ、モミジを8時間強炊いたスープはまろやかなうまみがあり、濃度も控えめ。麺も昼は切り刃12番の太麺を使うが、つけ汁とのからみをよくするために夜は16番の中太麺に変わる。また、つけめんはつけ汁が冷めたら、レンゲにのせた焼石を提供し、スープに投じて温度を高める独自のサービスを行っている。（840円）

中華そば

「つけめんTETSU」は、店名のとおり、つけ麺を主力メニューとしているが、「中華そば」にも定評がある。数種の煮干し、サバ節、ソウダ節を、徹底した温度・時間管理のもとていねいに煮出したスープは、香り高くうまみも濃い。中細麺を合わせて懐かしさも感じさせる1杯に。（750円）

貝汁らぁめん こはく

滋味あふれる貝スープが主役。メニューは醤油、塩、味噌、辛味噌、台湾、油そばの6品と期間限定を1〜2品そろえる。「貝汁台湾麺」は名古屋のご当地ラーメンの台湾ラーメンに貝スープを合わせた個性派メニュー。

琥珀醤油麺（700円）
→78頁参照

メニューバリエーション

貝汁塩そば　貝スープと動物・魚介のダブルスープに、ドイツの岩塩と「鳴門のうず塩」（大塚食品）を使った塩だれ、名古屋・林製麺所の全粒粉入りストレート細麺の組合せ。トッピングは2種のチャーシューと、アサリ、ハマグリ、シジミの3種の貝。貝のうまみがストレートに感じられる1杯。　（700円）

油そば

大豆白絞油をネギ、貝柱、ニンニク、ショウガで風味づけした貝油と、ニンニクをきかせた香味油、醤油だれをからめた濃厚な1品。麺は東京・三河屋製麺の手もみ風ちぢれ麺を使用し、並盛は210g。トッピングは豚肩ロースと豚バラ肉を使った2種のチャーシュー、穂先メンマ、たっぷりの白髪ネギ、カイワレダイコン。
（700円）

貝汁台湾麺

濃厚な貝スープと動物・魚介のダブルスープに醤油だれと貝油（82頁参照）、自家製ラー油を加えて、貝のうまみを引き立てるマイルドな辛みに仕上げた。麺は名古屋・林製麺所の全粒粉入りストレート細麺。唐辛子や醤油で味つけした台湾ミンチとニラが味わいのアクセント。（720円）

創作麺工房 鳴龍

自家製麺を使用し、スープは全品共通。一番人気の「担担麺」、「麻辣担担麺」などの辛み系、すっきりとした味わいの「醤油拉麺」、塩けのまろやかな「塩拉麺」、酸味をきかせた「醤油つけ麺」など14品を提供する。

担担麺(750円)
→83頁参照

メニューバリエーション

特製醤油拉麺　煮干しや干し貝柱、昆布、干しシイタケのうまみをじっくり引き出したまろやかな醤油だれに、香り豊かな和歌山県産濃口醤油も加え、スープの深い味わいを際立たせた醤油ラーメン。豚ロース肉、豚バラ肉のチャーシューを各2枚ずつと味つけ玉子、メンマ、白髪ネギ、九条ネギをトッピングした人気商品。（950円）

梅塩拉麺

「塩拉麺」に大葉、梅干し、とろろ昆布、チャーシュー、白髪ネギをのせた1品は、修業店「ミスト」の人気メニューがベース。アサリ、焼きアゴ、昆布、煮干し、カツオ節、干しエビ、干し貝柱、白ワインでつくる塩だれの濃厚なうまみがクリアなスープによく合う。塩分濃度が濃いため、麺は醤油系より細い麺（切り刃22番）を使用。　　　（900円）

担担つけ麺

スープ、醤油だれ、芝麻醤、ラー油、ミリン、酢を合わせたつけ汁に肉味噌、ピーナッツ、長ネギ、九条ネギを加えて辛み、酸味、甘みのバランスのとれた味わいに。担担麺と同じ切り刃26番の細麺は冷水できゅっと締めたのち、無塩のトマトピュレを敷いた器に盛り、クレソンと焼き海苔をあしらう。味の変化も楽しめる1品。　　　　　　（880円）

支那ソバ かづ屋

「支那ソバ」「つけソバ」「担担麺」がメニューの3本柱。個性ではなく、調和を重視したスープをベースにし、麺と醤油だれに工夫をすることによって、それぞれ安定感のある普遍的な味わいのラーメンに仕上げている。

担担麺(970円)
→90頁参照

メニューバリエーション

支那ソバ

創業以来の看板商品である「支那ソバ」。フレッシュの鶏ガラ、豚ゲンコツからとる動物系スープ、瀬戸内海しまなみ海道産のカタクチイワシ煮干しを用いた魚介系スープ、ヒゲタしょうゆの「本膳」をベースにした醤油だれ。それぞれに突出した特徴があるわけではないが、自家製麺する中細麺と合わせることで醤油ラーメンらしい調和のとれた味わいに仕上がる。　　　　　　（750円）

つけソバ

麺は「支那ソバ」と同じ22番の切り刃で麺線にするが、圧延の厚みを変えて中太麺に仕上げている。スープは支那ソバ、「担担麺」と共通だが、そこに豚肉のエキスを溶け込ませた甘口の醤油だれを合わせる。別盛りにして提供するチャーシューは豚肩ロース肉にハチミツをぬってオーブンで焼き上げるが、そのときにしたたり落ちる汁を豚肉のエキスとしてつけ汁に使用している。　　　　　　　　　　　　　　　　　　　　（850円）

香味油のつくり方

スープやたれ、麺と同様に、ラーメンの味を印象づける「油」。ラード、鶏油にはじまり、煮干し油、ホタテ油、エビ油など、ラーメンの進化とともに油の種類も多様化している。

麺処 まるは BEYOND
煮干し油

煮干しとカツオ節の風味を移した煮干し油。なお小鍋でスープと合わせる際に「中華そば 醤油」(14頁参照)では沸騰させないが、「つけそば」(131頁参照)の豚骨白湯に加える場合はよく沸かして乳化させる。また「中華そば 塩」(130頁参照)の鶏油は完成後の丼に上から回しかけて香りを立てている。これは油をスープによく混ぜるか、表面に浮かせるかで、口あたりや風味が違ってくるため。

材料
調整ラード	7ℓ
カタクチイワシ煮干し	250g
ウルメイワシ煮干し	150g
カツオ節	大きく2つかみ

1 寸胴鍋にラードを入れ、中火にかけ、すぐに煮干し2種を入れる。2 ちりちりと細かな泡が出る状態が続くように火加減する。3 鍋全体の煮干しが色づいてきたら火力を最大にする。4 カツオ節を一度に入れる。5 カツオ節が沈むのを待たずにすぐに漉す。漉す間にも油が網の上のカツオ節を通るので、カツオ節の風味が移る。

饗 くろ㐂
鶏油

丸鶏、鶏ガラのうまみを引き出した鶏清湯と節類の風味豊かな魚介だしを合わせる「塩そば」(18頁参照)。鶏油は鶏清湯から抽出した油にソウダ節、花カツオの香りを移すが、それを仕上げに加えることで、塩そばの味わいの輪郭をはっきりさせている。

材料(分量非公開)
- 鶏油
- ソウダ節
- 花カツオ
- 長ネギ(青い部分)
- ショウガ

1 鶏清湯(20頁参照)を仕込む際にスープの表面に浮く鶏油をすくう。2 小さめの寸胴鍋に鶏油と同量の水を合わせ、ソウダ節、花カツオ、ザク切りにした長ネギ、ショウガを加える。3 強火にかけ、油を煮立たせて水分を飛ばす。4 水分がなくなり、油が透明になったらザルで漉す。

饗 くろ㐂
海老油

大量の桜エビを湯と油で強火で煮立たせ、こうばしく仕上げた海老油。「味噌そば」(132頁参照)は魚のすり身を加えた鶏白湯、味噌とアーモンドを合わせた味噌だれを使って濃厚なこくを出し、仕上げに海老油を合わせてエビのこうばしい風味をアクセントに加えている。

材料(分量非公開)
- サラダ油
- 干しエビ
- 長ネギ(青い部分)

1 中華鍋にサラダ油、同量の水を合わせ、干しエビ、長ネギの青い部分を加える。2 強火にかけて油を煮立たせる。焦げやすいため、レードルでこまめにかき混ぜる。3 水分が飛ぶと、油が透明なオレンジ色になる。4 3をザルで漉す。

我流麺舞 飛燕
ホタテ油

「魚介鶏塩白湯」(30頁参照)、「醤油つけ麺」に使用するホタテの香味油。店で使う鶏油をベースにホタテ干し貝柱のパウダーを加え、香りと味を抽出する。魚介のパウダーを直接使うよりも、豊かな風味とまろやかさが得られる。材料の異なる各種スープとともに用いることで、全体の統一感を損なわずにエッジのきいたうまみをプラスすることができる。

材料
北海道産の鶏皮、鶏脂　計2kg
ホタテ干し貝柱パウダー　100g

1 若鶏の皮と脂を中華鍋に入れ、中火で熱しはじめる。**2** 脂に熱が入るにつれて溶け出してくるので、中火を保つ。**3** 約7分後。溶けた脂の中で、脂かすを揚げている状態になる。**4** 約10分後。脂かすがちりちりになったら火を止める。**5** ジャーレンでできあがった鶏油をすくいとる。**6** ふたたび中華鍋に鶏油を入れて中火にかけ、干し貝柱の粉を入れる。**7** 沸き立ったら火を止めてそのまま冷ます。

麺や庄の
煮干し油

動物系、魚介系のうまみが凝縮した濃厚豚骨魚介スープの「らーめん」(44頁参照)。その仕上げに煮干し油を加えることによって、うまみに負けない香りを立たせている。煮干しの苦みを抑え、香りだけ油に移すため、スープを炊き上げる余熱を生かし、ゆっくりと油を加熱するのがポイント。

材料
カタクチイワシ煮干し　1kg
ラード　14ℓ

麺や庄の
香味油

2時間30分かけてじっくりとタマネギの甘み、ニンニク、唐辛子の風味を引き出した香味油は、濃厚豚骨魚介の「つけめん」(139頁参照)に合わせる。大豆油は低温でもサラッとした液状を維持するのが特色であり、つけ汁が冷めても油が重くならずにすむ。

材料
タマネギ　8個
長ネギ(青い部分)　5本分
赤唐辛子　40本
ニンニク　40粒
大豆油　9ℓ

1 カタクチイワシ煮干しを密閉袋に入れ、シャモジを使って粉末状になるまでたたく。**2** 小さめの寸胴鍋にくだいた煮干しを入れ、ラードを注ぐ。**3** 40分ほど弱火にかけ、油が煮立つ直前まで加熱する。**4** スープを炊いている寸胴鍋の蓋の上に煮干し油の寸胴鍋を乗せ、スープの余熱を利用して3～4時間ゆっくりと油を加熱し続ける。**5** 目の細かいザルで4を漉して室温で冷ます。

1 タマネギと長ネギは大きさをそろえてザク切りにし、赤唐辛子、ニンニクとともに小さめの寸胴鍋に入れる。**2** 大豆油を注ぐ。**3** 2を強火にかける。油が煮立ったら弱火にして2時間30分加熱する。**4** 食材が底に沈むため、10分おきにレードルで鍋の中をかき混ぜる。食材をまんべんなく加熱することで香りとうまみを充分に引き出すことができる。**5** 目の細かいザルで4を漉し、冷水を溜めたシンクで冷ます。

ラーメン素材図鑑

ラーメンのスープには、**多種多様な素材が投入されており、1杯のラーメンには、それらのエッセンスが凝縮されている**。各素材の特徴、そこから抽出される味や香りを知ることで、オリジナリティの高い味を生み出すことができる。

丸鶏
卵を産まなくなった老鶏の肉は硬く、食用には適さないが、スープの素材としては有効。一方若鶏は、長時間煮込むと煮くずれするほど身が柔らかく、だしをとると新鮮な味が出る。内臓の汚れをとり除いて使用する。

動物系スープ素材

鶏スープは甘い味わいと香りが魅力。ガラだけか、肉のついた丸鶏かはもちろん、鶏そのものの来歴や月齢もスープの味に影響する。豚骨類は鶏ガラに比べてコラーゲンが多いのが特徴。長時間炊くうちに水と脂が乳化して白濁する。

モミジ
鶏の脚先の部分で、形が「紅葉」に似ていることから「モミジ」と呼ばれる。ゼラチン質が豊富でコラーゲンを多く含む。爪先をカットし、皮をむいて使用すると、くさみのないスープに。表面に切り目を入れるとスープの出がはやい。

鶏ガラ類
促成的に飼育されたブロイラーは骨にコラーゲンが蓄積されずスープの出方も少ないのに対し、地鶏や銘柄鶏は骨が充分に形成されていて味にこくが出る。ガラだけでなく肉のついた丸鶏を使用すればさらにうまみが増す。

鶏ガラ
脂のしっかりのっているものが望ましい。脂やボン尻の有無などでスープの味が変わる。心臓、レバーなどは、くさみの原因になるのでとり除く。流水をかけるとうまみも逃げてしまうので、汚れは少量の水で洗い流す。

鶏脂(親鶏)
鶏の脂肪分を集めた鶏脂は、スープに入れて溶かしたり、香りづけのためにスープに浮かべたりして使うことが多い。親鶏の脂は黄色く、やや個性が強いため、スープとのバランスを図ることが大切。

鶏脂(ブロイラー)
若鶏(ブロイラー)の鶏脂は、親鶏の鶏脂に比べ、色も白く、くせも少ない。脂そのものに香味野菜や香辛料で香りをつけ、香味油として少量スープに加えるなど、応用範囲は広い。

鶏皮
鶏肉の表面を覆っている鶏皮は、脂肪分が多く、加熱すると多量の脂が出る。内臓を覆っている鶏脂とは異なり、あっさりしたこくがある。炊いているうちに脂が出て、鍋の表面に油の層をつくるので、スープの酸化防止にもなる。

背ロースガラ

豚の脊髄を中心とする背骨のガラ。ガラのなかではとくにこくがある。白湯でも清湯でも使用されるが、澄んだスープにこくを出すのに適している。ゲンコツに比べ、短時間でだしが出る。白い筋はくさみのもとになるので、ていねいにとり除いて使用する。

肩ロースガラ

背ロースよりも肩側にある骨のガラ。背ロースガラよりもだしを抽出できる時間は若干短いが、他のガラに比べるとこくがはっきり出る。

豚頭骨

九州、とくに博多ラーメンの代表的なスープ材料。脳味噌からとろみのあるだしが出るが、そのぶん傷みがはやいため、鮮度のよいものを選ぶ。柔らかくなるまで長時間煮込んだ骨をくだきながら漉すと、濃厚なスープがとれる。

並ガラ

別名「コミガラ」。豚1頭分のあらゆる部位の骨をミックスしたもの。ひと昔前まで、豚ガラはこちらが主流だった。ゲンコツやロースガラに比べて髄が少なく、雑味がある。単独ではなく、鶏、魚介など他の材料との組合せや調整が必要。

豚骨類

豚骨類は、コラーゲンが多く、うまみ成分のイノシン酸を多く含んでいる。脳味噌を内包する頭、関節の多い背ロースや肩ロース、骨髄の多いゲンコツなど、骨の部位や抽出温度、時間によってスープの濃度やこくが変わる。

豚足（毛なし）

豚の脚の膝下部分。コラーゲンたっぷり。ゼラチン質の多い、とろみのあるだしをとるのに適している。ゲンコツやロースガラの補強素材として使われることが多いが、まれに豚足のみでスープをとるケースも。爪をカットし、水洗いして使用する。

豚足（毛つき）

豚ガラ類のなかでも、とくにくせの強い素材。表面の毛を焼いてしっかり下処理をしないと、獣臭がストレートにスープに出る。近年は、最初から「毛なし」の豚足を使う店が増えている。

背脂

おもに豚の背側にある脂で、品質によりA脂、B脂などがある。寸胴鍋に入れてスープと乳化させたり、スープとは別にトロトロになるまで炊いたものを漉して丼に入れたりする。

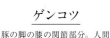

ゲンコツ

豚の脚の膝の関節部分。人間の拳に形が似ているのでこの名前に。骨の中心部に髄が詰まっていて、これがスープのもととなる。そのままではなかなか出ないので、骨砕機などで2つに割り、髄が出やすい状態にして鍋に入れる。

魚介系スープ素材

魚介系の素材は、節類、昆布類、煮干し類の他、貝柱や干しエビ、なかには生鮮の貝類を用いるケースも。これらは味づくりのポイントを握る重要な素材である。

ソウダ節 厚削り
関西ではメジカ節とも呼ばれる。カツオとサバの中間的な位置づけで、こくとうまみはかなり強い。血合いが多く、それが苦みや酸味を生み出すが、他素材とうまくブレンドすることで中和され、こくに変わっていく。

カツオ本節 厚削り
節類のなかではもっとも上品。あっさりしていてクリア、なおかつシャープなだしがとれる。主成分はタンパク質で、アミノ酸とイノシン酸が濃厚な味のベースとなる。ラーメンには厚さ2mm以上の厚削りを使うことが多い。

サバ節 厚削り
主原料は、マサバよりも脂の少ないゴマサバ。節類のなかではうまみとこくがもっとも強い。カツオ節やソウダ節に比べ、濃厚なだしがとれるが、わずかに魚臭と濁りが生じやすい。他の節類とブレンドすることで、特徴を生かすことができる。

カツオ節粉末
カツオの削り節を粉砕し粉状にしたもの。ここ数年来のつけ麺ブームを背景に、急激に需要が伸びている素材。スープ材料としてではなく、つけ汁の丼に直接投入し、魚介特有の強い風味と香りを高める役割を果たす。香りづけのトッピングや香味油の材料などに利用される。

節類
大型の魚の身を煮て燻し、そのうまみをじっくり凝縮させた節類は、日本古来の保存食であり、すぐれた調味料である。代表的なカツオ節の他に、ソウダガツオ、サバ、マグロなど多様な製品がある。

昆布

昆布のおもなうまみ成分はグルタミン酸とマンニット。日本では北海道から北陸沿岸にかけての限られた海域に分布している。棲息する海域により、マコンブ、リシリコンブ、オニコンブなど7種の昆布が存在し、その風味と味わいは微妙に異なる。

日高昆布
正式名称はミツイシコンブ。道南や東北にも分布するが、とくに日高地方に産するものをこの名で呼ぶ。ラーメン素材としては、もっともスタンダード。柔らかく煮上がりがはやいので、だしにも調理用にも使える。くせも強くなく、どの材料とも調和がとれる。

利尻昆布
北海道北部の広い沿岸に分布しているが、主産地は稚内を中心とする礼文島、利尻島付近。日高昆布に比べ、かなり濃厚なだしがとれ、色は黄色を帯びる。昆布の味と風味をきかせ、主張させたい場合は利尻昆布を使うケースが多い。

羅臼昆布

正式名称エナガオニコンブ。こくのある、とろりとしただしがとれる。個性の強い素材と合わせるより、うまみがストレートに出る清湯系スープに適している。1本ものは高価なため、ラーメンには「耳」と呼ばれる、切りそろえる際に出る端がよく使われる。

アゴ煮干し

小型のトビウオからつくられた煮干し。長崎県を中心とする九州産が多い。やさしく淡泊なだしがとれる。写真は内臓入り。大きいサイズのものの内臓をとり除き、頭をつけたまま煮干しにしたものもある。他の煮干し類に比べ高価。

ウルメイワシ煮干し

産地は長崎県、高知県など。目が大きく潤んで見えることからこの名に。カタクチイワシに比べるとくさみがなく透明なだしがとれ、上品で独特の甘みが出る。

煮干し

節類や昆布が味のベースをかたちづくるのに対して、香りやこくなど強い個性をもたらすのが煮干し類である。動物系や野菜系のスープとの相性や、全体のバランスを考慮しつつ、もっとも適した素材を選びたい。

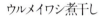

カタクチイワシ煮干し

産地は長崎県や千葉県など。下アゴが上アゴより極端に短い。煮干し類のなかでは、もっとも強いだしが出る。同じ魚種でも北で獲れたもののほうが、脂肪分が多く、こくのあるだしがとれる。苦みがあるので、頭と内臓をとり除いたほうがよい。

アゴ

ウルメイワシ

アジ

カタクチイワシ

アジ煮干し

小型のアジを煮てから天日干し、または機械乾燥したもの。産地は長崎県や千葉県など。雑味が少なくあっさりしているので、これまではおもにうどん店で使われていたが、近年はラーメンの素材としても使用されている。

ラーメン素材は、味も香りも濃いカタクチイワシが主流だったが、淡泊な味わいのアゴ、ウルメイワシ、アジなどの需要も高まっている。産地や魚の脂肪含有量により、味わいは異なる。酸化しないように保存にも留意したい。

第5章

店づくり、営業について

競合の激しいラーメン業界において、お客をつかむ商品づくりや長く店を続けていくための秘訣を、店主にインタビュー。異業種参入が多く、店を立ち上げるまでの経緯がさまざまであることもラーメン業界の特徴で、それがその店の個性につながっています。

＊店舗の所在地、電話番号、営業時間、定休日などのデータは、2017年7月時点のものです。

麺や維新

地鶏のうまみを引き出した端麗系「醤油らぁ麺」が人気の「麺や維新」と、背脂をたっぷり加えた横浜中華そばを提供する「維新商店」の2ブランドを展開。どちらも、丁寧に仕込んだスープと国産小麦でつくる自家製麺の味わいが評判だ。

店づくり、営業について

店主の長崎康太さんはトラック運転手を経て飲食業界へ。2001年に26歳で入店した神奈川・厚木「ズンド・バー」でラーメンの魅力にはまり、04年、神奈川・大和に「麺や維新」を開業。しかし、店舗の契約トラブルで2年後に閉店。08年に再度、横浜に出店し、13年には東京・目黒に新店を開店。現在2店舗を運営する。

Q ラーメン店を開くまでの経緯を教えてください。

高校卒業後はトラック運転手をしていたのですが、大型免許をとった矢先に腰を痛め、それを機に居酒屋で働きはじめました。その後、昼のアルバイトを探しているときに、たまたま求人していた「ズンド・バー」に軽い気もちで入店。だんだん、ラーメンに魅力を感じるようになりました。

それまで自分でつくった料理を「おいしい」と言われた経験などありませんでしたから、お客さまから言われる「おいしい」のひと言が胸に響いて。自分で店を出したらきっと楽しいだろうなと。そのうちに人まねでなく、自分の手で一からつくり上げたラーメンでお客さまを喜ばせたくなり、厚木周辺で店を探して2004年に「麺や維新」を独立開業しました。

最初の店は15坪10席。売上げが上がらず電気を止められそうになったりしましたが、1年ほどでお客さまが入るようになりました。ところが店舗の契約トラブルに見舞われ、2年で閉店。それから再度居酒屋で働いて資金を貯め、08年に横浜に約10坪14席の店を出しました。その後、1日150～200杯出るようになった頃から2店めの出店を検討。どうせやるなら東京で勝負しようと、横浜と車で行き来するのに便利な目黒に店を出すことにしました。そして、維新では出してこなかったラーメンをセカンドブランドで提供したくて、維新を目黒へ移転し、横浜は濃厚系の「維新商店」に業態転換。13年10月から2店舗体制で運営しています。

Q 商品はどのようにつくり上げたのですか？

修業先の味をもとにつくれば、無難なものができると思いますが、他にはないオリジナルのラーメンをつくりたかったので、自分が一番好きな鶏ベースのスープに、プラスアルファの工夫を重ねていこうと考えました。実は以前、ある店で塩ラーメンを食べて衝撃を受けたことがあって。自分もすごい塩ラーメンをつくってみたいと、開業時は塩をメインにしていました。しかし、横浜移転を機に鶏ベースのスープのうまみがより際立つ醤油メインに変更。さらに目黒へ移転後は比内地鶏を使うなど、食材にとことんこだわったラーメンづくりを行っています。化学調味料を使わず、鶏のうまみが引き立つ素材を重ねていくつくり方の基本は当初から変わり

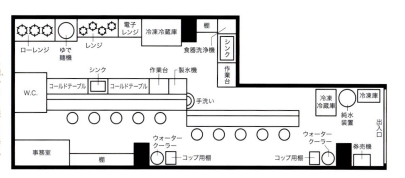

目黒「麺や維新」の店舗は、もとラーメン店だった物件。前店のカウンター、ゆで麺機、コールドテーブルなどを生かし、ローレンジ、冷蔵庫などを新たに導入して厨房2人、接客1人でまわせる店に改装した。開業当初は14席だったが、一度につくれる量が3杯程度のため、1年後、10席に変更。2年めに壁面を白から黒にイメージチェンジした。

ません。ただ、素材や炊き方はどんどん修正しているので、味わいはつねに変化し続けています。

Q 営業上の工夫や苦労を教えてください。

2010年から自家製麺をスタートしましたが、当初は製麺できる人間が自分1人だったため、目黒移転後は夜中の1時から横浜で麺をつくり、そのまま寝ないで目黒の厨房に立つという生活に。そのため身体を壊して半年ほど寝込んでしまいました。その間、店を守ってくれたスタッフには本当に感謝しています。その経験から、ラーメン店を長く続けていくには、仲間が必要だと痛感。以前、尊敬する人に「人材の"材"を"財"に変えることが大事」と教えられたことがあるのですが、その言葉をモットーに、スタッフありきの店舗運営を心掛けています。

Q 今後の予定、目標を教えてください。

頑張ってくれているスタッフに活躍の場を提供するため、さらなる店舗展開を。それが現在の目標です。背脂と鶏油でこくを出し、ショウガをきかせたスープに手もみ麺という維新商店のスタイルを「横浜中華そば系」としてぜひ普及させたいと思っています。一方、目黒の維新は、商品づくりやサービスなど、すべての仕事を一から見直す予定。意識して細かい修正を加えて、店をさらにレベルアップさせたいと考えています。また、維新でいま、仕込めるスープは1日200食分が限界ですが、閉店後、深夜の時間帯にまったく別のラーメンを別ブランドとして提供するのもいいんじゃないかと考え中。ラーメンの道にゴールはないので、どこまでもチャレンジし続けたいと思っています。

JR目黒駅から徒歩5分。木製の引き戸を開けると左手に券売機、右手にRO（純水）浄水器。その奥に10席のカウンターが長くのびる。1日客数は約180人。女性客が3割を占める。

DATA

- 開業年月／2013年10月
- 店舗面積／約16坪
- 席数／10席
- 厨房スタッフ数／2人
- サービススタッフ数／1人
- 営業時間／11時30分～15時、18時～22時
- 定休日／日曜
- 住所／東京都品川区上大崎3-4-1 サンリオンビル1F
- 電話／03-3444-8480

麺処 まるはBEYOND

5種のスープで4品の定番メニュー、どれを選んでも違う味が魅力の店。なかでも魚介系スープの香りとうまみがもち味だ。店主の長谷川凌真さんは、札幌市内人気ラーメン店の主だった父親の下で修業。父の病没に伴い2013年、新たに同店を開いた。

店づくり、営業について

長谷川凌真さんは1991年札幌市生まれ。札幌大学在籍中にすすきのの「麺処 まるは健松丸」に入店。2年後の2013年に現在の店を開業。店名は父の屋号を受け継ぎ凌ぐという思いでつけた。毎日でも来てもらえる店になるため、体にやさしいことと味のバラエティを重視。「どんなに好みの違う人同士でも、一緒に来てもらえる店です」と言う。

Q なぜラーメン店を継ごうと思われたのですか？

父は僕が中一の頃に脱サラして「麺処 まるは」という店を開きました。当時は反抗期だったこともあり「なぜラーメン？」という思いがあり、父の仕事にもラーメンにも無関心でした。しかし、大学生だった18歳の頃、父の店のアルバイトで京都の百貨店の催事についていき、応援に来てくれた地元ラーメン店の方たちと親しくなりました。なかでも独立準備中の人たちは、貪欲に父の味を吸収しようとしていた。僕より少し歳上なだけなのに仕事への意識が高く、仲間が競い合っておいしいものをつくろうとしていた。ラーメンってそんなに面白いものなのか、と影響を受けました。

その後、他店での修業をしたいと父に相談したところ、父の健康に問題があることを打ち明けられまして、19歳で父の開いた支店の「麺処 まるは健松丸」（以下、健松丸）に入店しました。途中、自分のつくりたい味と違うものをつくることに悩みもしましたが、いま思えばその時期が修業代わりでした。先輩がすごく仕事のできる方で、僕も負けん気で仕事を覚えていきました。

Q 修業開始から3年、22歳で開業。その経緯を教えてください。

健松丸では、週替わりの限定ラーメンを考案する仕事もしていました。大変でしたが、北海道内外の店に行き「どうやったらこの味になるか」を考えながら食べ続けたのは、よい訓練でした。一から組み立てるのではなく、基本となる形を理解し、そこから変化させていく発想も、その頃身についたのだと思います。

2013年の6月に健松丸を閉め、それから物件探しと試作で半年近くかかり、12月にこの店を開店。ラーメン店が多く集まる豊平区に物件が見つかり、即決しました。ここは激戦区だけに、有名店を経営する先輩方に力を貸していただきながら、日々精進しています。店同士の交流があってお客さまにも知ってもらいやすい、ラーメン店にはよい立地です。

Q 「中華そば 醤油」は「麺処 まるは」のレシピですか？

大人になってから父のラーメンをほとんど食べたことがなかったので、いまの「中華そば 醤油」は、自分が本当に好きな味、過剰なものが何ひとつなく、バランスのとれたおい

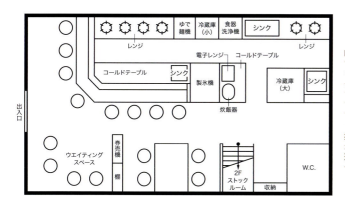

L字カウンターとテーブル1卓のすっきりしたレイアウト。席に対してウエイティングスペースが広めで、北海道の冬に対応している。券売機はあるが、できるだけカウンターから出て接客することを心掛けているので、従業員が動きやすいよう客席の通路もややゆとりをもたせている。

しさをめざして、新しくつくったものです。健松丸に勤めた2年間で集中してさまざまラーメンを食べ続けたことで、結局シンプルな魚介醤油味の中華そばが好きになったのだと思います。とはいえ、よその店に食べに行ったときなどに、たまに父親の味が舌をよぎることがあるんです。自分のよりももっと塩分が高くて、もっとカツオがきいた味だったような……。父の店からのお客さまもやはりそうだとおっしゃいます。

Q スープの種類が多いことで苦労はありますか？

店では豚清湯、鶏清湯、魚介系一番だしと二番だし、豚骨白湯の5種のスープを仕込んでいます。ひとつの店でもお客さまのいろいろな好みに応えたいので、覚悟の上ですね。うちが少し特殊なのは、たとえばもし塩ラーメンが売れなかったら、それに使う2種のスープがロスになる点です。それでも2年もやればどのメニューが出るかの予測はつきますから、スープの仕込み単位をそれに合わせて、鮮度のよいスープだけを使っています。また、中華そば醤油のスープのとり方（14頁参照）のように、チャーシューのゆで汁をスープに加えたり、チャーシューを浸け込む醤油を醤油だれに転用したりと、鮮度のよいうちに無駄なく使う方法を考えています。

Q 今後について聞かせてください。

店は3年めに入り、キッチンを任せられるスタッフが1人育ちましたので、いずれ2店めの出店を考える時期が来るでしょう。そうなるとまた、人が必要になる。目が届かなくなるのは嫌なので、支店展開は3店舗くらいまでしか考えていませんが、社員の独立の希望なども視野に入れて、そうした流れは頭に置くようにしています。

店の場所は札幌市内の豊平区。同区内には人気店が多く、店主同士も親しいため、切磋琢磨の気風があり、コラボイベントなども活発。札幌のラーメン業界の勢いを感じるエリアだ。

DATA

- 開業年月／2013年12月
- 店舗面積／約11.5坪
- 席数／12席
- 厨房スタッフ数／2人（シフト制）
- サービススタッフ数／1人
- 営業時間／11時～15時、17時～20時45分（L.O.）
  土・日曜、祝日　11時～20時（L.O.）
- 定休日／火曜、第3水曜
- 住所／北海道札幌市豊平区中の島1条3-7-8
- 電話／011-812-0688

饗 くろ㐂

和食、イタリア料理など20年以上にわたって料理人の道を歩んできた黒木直人さんが2011年6月に開業。コンセプトは「上質」。「塩そば」、「味噌そば」をはじめ、その卓越した技術を駆使した多様なラーメンを編み出し続けている。

店づくり、営業について

店主の黒木直人さんは東京・赤坂の料亭「三河家」やイタリアンレストランで修業。㈱グローバルダイニングの旗艦店「権八」の副料理長、高級レストランを展開する㈱ブライトアンドエクセル（現・㈱EDGE）の総料理長を務めたのち、東京・湯島の「らーめん天神下 大喜」のラーメンに感銘を受け、ラーメン店の開業を決意した。

Q ラーメンに関心をもつようになったきっかけは？

私は料理人として和食やイタリア料理など多様なジャンルの店で20年以上にわたって勤めてきました。そろそろ自分の店をもちたいと考えていた頃、たまたま東京・湯島の「らーめん天神下 大喜」（以下、大喜）でラーメンを食べたんです。大喜の「とりそば」はスープの味わいが非常に繊細であり、具材も一つひとつにていねいな仕事が施されていました。それまでラーメンにはまったく関心がありませんでしたが、その奥深さに料理人として強く刺激を受けました。それに同じ麺料理であっても、そばやうどんなどだと型破りなものに対して拒否反応を示す人が多いですが、ラーメンファンは進化に対して好意的。これほどチャレンジしがいのある料理は他にないと考え、ラーメン店を開業することに決めました。

Q 「塩そば」と「味噌そば」を主力商品にした理由は？

私は生まれも育ちも東京ですから、私にとってラーメンといえば東京ラーメンの醤油味になります。ラーメン業界で駆け出しの自分がいきなり醤油ラーメンに手を出すのはおこがましい。それで上品な味わいの「塩そば」、クリーミーなスープの「味噌そば」の2本柱で勝負することにしたんです。ただ、ラーメンはまったくの独学でしたから、スープづくりなどは試行錯誤の連続でした。たとえば、和食はいっさいの無駄を省く料理であり、だしをとるときには雑味をギリギリまでとり除きます。しかし、ラーメンは雑味もうまみの一部になりますから、塩そばの鶏清湯はあえてアクとりをしません。一方で鶏肉から効果的にうまみを抽出するために加熱温度を細かく管理しています。こうした調理手法はラーメン店をはじめてから勉強し、改善を重ねるなかで定まってきたものです。ちなみに、開業から1年経ち、塩そば、味噌そばのレシピが固まってきたため、あらためて醤油ラーメンにチャレンジ。それが金曜で提供する「鴨そば」になります。

Q 開業してからもっとも苦労したことは？

ラーメン店として知名度もまったくありませんでしたから、オープン直後はやはり集客に苦戦しました。スタッフを雇う余裕はなく、仕込みは全部1人でやっていました。スープ、

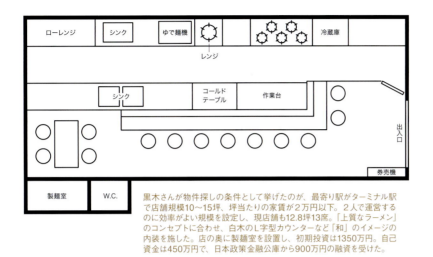

黒木さんが物件探しの条件として挙げたのが、最寄り駅がターミナル駅で店舗規模10〜15坪、坪当たりの家賃が2万円以下。2人で運営するのに効率がよい規模を設定し、現店舗も12.8坪13席。「上質なラーメン」のコンセプトに合わせ、白木のL字型カウンターなど「和」のイメージの内装を施した。店の奥に製麺室を設置し、初期投資は1350万円。自己資金は450万円で、日本政策金融公庫から900万円の融資を受けた。

たれ、麺、具材などすべての調理に手間をかけていましたから、オープンから1ヵ月は朝7時に出勤し、早朝5時に店を出るという生活が毎日続きました。しばらくすると営業が軌道に乗るようになりましたが、苦しいときに手を抜かなかったからこそ、お客さまの信頼を得られたと自負しています。

Q ラーメン店を運営するうえで心掛けていることは？

ラーメン1杯1杯に想いをきちんと込めることです。以前、スープの仕込みでスタッフの1人が手抜きをしているのに気づき、仕方がなくスープを廃棄してその日は臨時休業にしました。ネギを切るにしても包丁をちゃんと研ぎ、盛りつけもただ具材を乗せるだけにはしない。そうした小さなことも疎かにすれば店の信頼はすぐに失われてしまうと考えています。また、お客さまの反応に敏感であり続けることも大事。熱心なラーメンファンだけでなく、女性やお子さまなど幅広い客層にご満足いただくため、お客さまの声に耳を傾けてラーメンの改善や新作の開発に生かすようにしています。

Q 今後の目標を教えてください。

これまで通り、上質なラーメンをつくり続けます。理想の塩を見つけるためにおよそ100種の塩をテイスティングしてきましたし、味噌を自家製していたこともありました。自家製麺もパン用粉やうどん用粉まで用いて多様な麺をつくってきました。しかし、小麦粉そのものの研究は後回しになっていたので、今後は小麦の生産者や製粉業者を訪ね、地粉について学び、上質なラーメンをさらに深化させたいです。

店はJR秋葉原駅と浅草橋駅の中間に立地。目的客を集客しやすくするため、駅からは離れていてもターミナル駅を最寄りとした物件を探した。

DATA

- 開業年月／2011年6月
- 店舗面積／12.8坪13席
- 席数／13席
- 厨房スタッフ数／3人
- サービススタッフ数／厨房スタッフが兼任
- 営業時間／11時30分〜14時30分、18時〜20時30分
  （水曜は11時30分〜15時
  　土曜は11時30分〜15時、18時〜21時）
- 定休日／日曜、祝日、水曜夜
- 住所／東京都千代田区神田和泉町2-15
  　　　四連ビル3号館1F
- 電話／03-3863-7117
- URL／ameblo.jp/motenashikuroki

麺処 銀笹

鯛飯とあっさりした塩ラーメンという組合せで、連日行列ができる人気店に成長。店主の和食の料理人としての修業と、ラーメン好きとして食べ歩いた経験、銀座という場所へのこだわりが、独自のスタイルの基盤となっている。

店づくり、営業について

店主の笹沼高広さんは1975年福島県出身。仙台の和食店で5年修業したのち、23歳で上京。銀座、六本木の料亭などに勤務しながら、ラーメンの食べ歩きも趣味としていた。修業先のひとつの「銀座あさみ」の鯛茶漬けと、東京・東十条の「麺処 ほん田」の塩ラーメンをヒントに、鯛飯と塩ラーメンの「麺処 銀笹」を出店。

Q 和食の料理人からラーメン店経営者に転じた経緯は?

仙台と東京で18年間和食の修業をしてきたので、そのまま和食店で独立するつもりでいました。なかでも、鯛飯、鯛茶漬けで何かできないものかと考えていたのですね。また、もともとラーメン好きでよく食べ歩いていたのですが、ラーメン店を開くきっかけになったのが、東京・東十条の「麺処 ほん田」さんの塩ラーメンでした。こういう塩ラーメンをつくれば、鯛飯にかけて鯛茶漬けにしてもおいしいのではないかと思ったのです。すべては鯛飯ありきで、ラーメンと鯛飯を合わせて1000円前後で気軽に食べられるお店となると、和食店ではなくラーメン店にしたほうがよいのではないかと考えたのです。

Q 開店に向け、商品開発はどのように進めたのですか?

魚介類のだしは経験がありましたが、動物系のスープは初めてだったので、知り合いのつてでラーメン店で1日修業させてもらったり、専門書を読んだりして研究しました。前職を辞めてから物件探しなどで開店まで半年ほどあったので、家でも試作を繰り返しました。商品のラインアップとして、まず鯛茶漬けと塩ラーメンをやるということは決めていました。醤油味も必要だと思いましたが、私にはラーメンの修業経験があるわけではないので、とにかく他店ではやっていないことをやらなくてはという考えが根底にあり、一般的な濃口醤油ではなく、白醤油のラーメンを考えました。オープン前は、濃厚な豚骨スープと、焦がした鯛を合わせたラーメンも考えていたのですが、ひとつのスープだけで寸胴鍋がいっぱいになってしまうなどの問題が発生し、とても2種のスープはできないと判断して、ひとつのスープで、塩、白醤油、つけ麺という商品構成にしたのです。

スケルトンの物件を借りることになったら、製麺室をつくって自家製麺をと思ったのですが、居抜き物件をそのまま使うことになり、麺に関しては素人だったので、製麺業者に一任しました。三河屋製麺さんの担当者に来ていただき、1週間ほど試食やディスカッションを重ねました。あっさりした塩ラーメンは細いストレート麺を合わせることが多いのですが、私はスープをからめて持ち上げてくれる縮れ麺にしたいと譲らなかったのです。三河屋製麺さんが選んでくれたのが、1人

10坪18席の居抜き物件をほぼそのまま使用することにしたため、ラーメン店としては珍しく、テーブル席のみで営業している。また、銀座という場所柄を考慮し、混雑していても相席にはさせない。昼の3時間30分の営業で約150食を販売しており、スープ切れにより夜は営業しない日も多い。

前150gの規格のいまの麺でした。麺130g、スープ300mlくらいのラーメン店が多いのですが、当店は麺の量が多く、あとで鯛茶漬けにもできるようにと、スープは1人前360mlとし、注ぎ口をつけたオリジナルの丼で提供しています。

Q 接客上、心掛けていることは何ですか?

銀座らしくするために、まずおしぼりと、水ではなく麦茶を出します。居抜き物件をそのまま使っているので、カウンター席がないのですが、テーブル席で知らないお客さま同士を相席にはさせません。銀座の外れという場所柄からか、40〜50代の男性客が中心ですが、最近は若い人も増えてきています。また女性客が3割ほどを占めるようになり、女性1人というお客さまも珍しくありません。1人のほうが気兼ねなくラーメンを食べられるという女性も多いようです。

Q これからラーメン店を開きたい人へのアドバイスは?

ラーメン店をやるからには、何かしらの武器をもつことが重要です。たまたま私は鯛飯をメインにして当たりましたけれど。とはいえ、すばらしい技術をもっていても、出店場所をきちんと選ばないと難しいでしょう。私は銀座で、手軽に食べに行けるお店にしたかったのです。オフィス街なのか、住宅地なのか、夜をメインにするのか、明確な目標と立地戦略をもち、「自分にはこれがある」という、何かひとつでも飛び抜けたものがあれば、成功する可能性が高くなるのではないでしょうか。また有名店で修業して、それを店主に認められてという、ある種のブランドがあるのも強いですね。

銀座8丁目の細い路地沿いにある隠れ家的な店舗。笹沼さんの修業先の料亭「銀座あさみ」からも近い。気軽にランチを食べられる飲食店が少ないエリアで、潜在的な需要を発掘。

DATA

- 開業年月／2010年11月
- 店舗面積／約10坪
- 席数／18席
- 厨房スタッフ数／2人
- サービススタッフ数／1人
- 洗い場スタッフ数／1人
- 営業時間／11時30分〜15時、17時30分〜材料切れ次第終了
- 定休日／日曜、祝日
- 住所／東京都中央区銀座8-15-2 藤ビル1F
- 電話／03-3543-0280

我流麺舞 飛燕

背脂系のラーメンが目立つ札幌で、鶏白湯メインで人気を博する店。味の主軸は鶏白湯と魚介。脂控えめでうまみの濃いスープに各種の香味油で変化をつけたラーメンは、濃厚に見えて、実はヘルシー。「子どもにおいしいと思ってもらえるラーメン」がテーマ。

店づくり、営業について

前田修志さんは1982年小樽市生まれ。高校時代のアルバイトがきっかけでラーメン店に就職した。小樽市「おたる蔵屋」各店他、タイプの違う数店で計12年間修業し、2010年に札幌市で独立開業。2015年11月に豚骨と煮干しスープの姉妹店「ラーメン ツバメ」をオープンし、現在札幌市内で2店を営んでいる。

Q ラーメン業界に入ったきっかけを教えてください。

16歳からさまざまなアルバイトをしていて、バイト先だった小樽市内のラーメン店に18歳で就職しました。北海道物産展に出店するために全国に出張があり、他店の方たちとつながりができ、楽しかったですね。あるとき、業績不振店の立て直しに成功したことで、一気に仕事が面白くなった。その頃は、とりあえずよいラーメンがつくれるようになりたくて、スープやたれのつくり方、包丁や鍋の扱いから接客まで、すべて学びました。社内のいろいろな人と働くことで、同じ配合でもつくり手によって味が変わることも実感しました。

Q 開業してからどんな苦労がありましたか?

24歳頃には店の運営や数字の管理も覚え、26歳で独立をめざし、小樽から札幌に移りました。お客さまから見れば、札幌はラーメンの街、小樽は寿司や海産物の街です。同じ頑張るなら振り返ってくれる人の多い場所でやってみようと考えました。しかし、オープン年の売上げは悲惨で、家賃を延滞する状況でした。見かねた母が仕事を辞めて駆けつけてくれたことで覚悟を決め、店の現状としっかり向き合い、翌年から立て直しをはじめました。

店の立地は、地下鉄の3つの駅と市電の駅、どこから歩いても20分かかる難しい場所です。しかし移転には経費がかかる。そこでまず、店主である自分を売ろうと考えました。SNSで、短くてもこまめに自分の言葉を発信する。お知らせする内容は、週替わりの限定ラーメンです。これにラーメン愛好家のお客さまがついてくれ、何か仕掛けるたびに来てもらえるようになりました。限定品のなかから定番になったのが「飛塩」。いまも「魚介鶏塩白湯」と並ぶ人気メニューです。

Q 鶏白湯のラーメンを主力にしたのはなぜですか?

ライバルが少なかったからです。実は豚骨系スープで準備を進めていたのですが、店のある豊平区を見わたすと、人気店は豚骨スープが主流。店が近いのに味も似ているとなれば、とてもかなわない。そこで急遽、鶏白湯スープへの変更を決めました。とくに魚介系鶏白湯は、当時の札幌では珍しかったと思います。

そこからは大変でした。信じられないかもしれませんが、2010年3月1日開業予定日の2日前、2月27日に試作開始。28日の

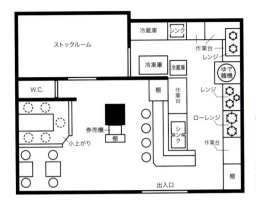

レイアウトはカウンターとテーブル席が左右二手に分かれており、子ども連れに配慮して小上がりも設けた。動線はカウンター手前側からと、厨房奥から裏動線でホールへの2つ。開業資金が限られており、初期投資額を抑える方法として、飲食店の居抜き物件を選び、内装工事のほとんどを自分たちで行った。

試作で鶏のスープに魚介を加えることを決め、レシピを起こしたのは開業日でした。いまだからいえますが、100%ではなく80%でのスタートです。札幌がいかに厳しいところか知らなかったから、できたんでしょうね。

Q 店を続けるにあたって心掛けている点は？

味の傾向も時代によって変わりますが、たぶん店のあり方も同じじゃないかと思います。例えば常連のお客さまとちょっとおしゃべりする。それが他の方にとってOKか、内輪だけで感じが悪いと思われるか、こうしたことはお客さまの感性によって変わっていきます。いろいろトライしてみなくては、何が正解かわからない。声が掛かれば催事やイベントにも出店します。ラーメン雑誌の部門別ランキングで、2年連続全道3位に選ばれたのですが、そのお陰で集客効果はもちろん、従業員にも恵まれるようになった。こうしたことは、やってみて初めてわかったことです。

Q 営業上の工夫について聞かせてください。

5年めまでは、毎年目標を決めて達成してきました。前に話した「人を売る」というのが手はじめで、違うタイプのラーメンに挑戦する、経営者にシフトする、というような目標です。他店とのコラボレーションや共同フェアも多いのですが、気の合う数軒で集まってユニット名をつけると、催事などの声が掛かりやすくなることもわかりました。ときには、「今回は赤字にならない程度に、外の風に当たってこよう」という場合もあります。こうやってメリハリをつけることでモチベーションが上がり、つねによいコンディションで仕事をし続けられるのです。

札幌市中心部からは車で15分程度とそう遠くないのだが、最寄り駅からは歩いて20分。アクセスは車が主となるため、駐車場は必須。客席数13席に対して5台分用意した。

DATA

- 開業年月／2010年3月
- 店舗面積／約1/坪
- 席数／13席
- 厨房スタッフ数／3人
- サービススタッフ数／1人
- 営業時間／11時～20時
  ※材料切れ次第終了
- 定休日／木曜
- 住所／北海道札幌市豊平区中の島1条9-4-14
- 電話／011-842-5262
- URL／garyumenbuhienn.wix.com/hien

東京スタイルみそらーめん ど・みそ 京橋本店

30代半ばでシステムエンジニアから異業種のラーメン業界に転職した齋藤賢治さん。たっぷりと背脂を浮かせた濃厚味噌ラーメンを武器に創業店は7坪9席の規模で1日200人以上を集客する繁盛ぶり。2010年に多店化に着手し、現在は7店を運営する。

店づくり、営業について

店主の齋藤賢治さんは1966年東京・深川生まれ。千葉工業大学卒業後、山一證券㈱に入社してシステムエンジニアとしてスキルを磨いた。30代半ばで脱サラしてラーメンの道に進み、味噌ラーメン店で6ヵ月間修業をしてから、2006年3月に「東京スタイルみそらーめん ど・みそ」京橋本店をオープンした。

Q ラーメン店に興味をもったきっかけは何ですか?

私は大学を卒業してから約8年間、山一證券㈱にシステムエンジニアとして勤務していました。ただ、周知の通り、山一證券は1997年に経営破綻しました。当時の社長が起業した新会社に移籍し、そこには6年間在籍しましたが、365日休みがないような生活が続いたため、次第に脱サラを考えるようになりました。とはいえ、すでに30代半ばでしたから、いまさら和食の料理人のような長い修業期間を要する仕事に就くのは難しい。もともと食べ歩きが趣味で、なかでもラーメンが大好きだったため、この道で身を立てようと決意しました。

Q 味噌ラーメンを選択した理由は?

前職では顧客分析やマーケット分析のシステム開発をおもに手がけていましたから、ラーメンは競争が激しいマーケットであり、甘い業界ではないことは充分に承知していました。ただ、味噌ラーメンについては「うまい」と思える店が極端に少ないとずっと感じており、このジャンルなら勝機があると考えたんです。修業先として半年間お世話になったのは、サラリーマン時代に数えきれないくらいに通い詰めていた味噌ラーメン店。何度食べても飽きなかったその店の味が「東京スタイルみそらーめん ど・みそ」の原点になっています。

Q 「特みそこってりらーめん」のレシピが固まるまでの経緯は?

開業から1年半ほどでいまのレシピがおおよそ固まりました。うちの味噌ラーメンはスープ、味噌だれ、ニンニク香味油と大きく3つの要素で味が構成されますが、そのなかで味の骨格を決めるのが味噌だれです。信州味噌、仙台味噌、八丁味噌、江戸甘味噌、空豆味噌をブレンドした味噌だれを仕様書発注していますが、味噌の香りとうまみを引き出すために試作を30回以上重ねました。また、ど・みそならではの味の決め手になるのがニンニク香味油です。国産の上質なフレッシュニンニクをふんだんに使用し、味噌だれとの相乗効果によって、他にはない味を生み出すことができるのです。味噌だれとニンニク香味油でしっかり味をつくっているので、スープはそこまで神経質にならなくてすむ。注ぎ足し式のスープを採り入れることで、作業負荷が大きい仕込み時間を短

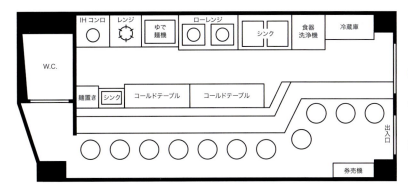

1人で運営できる10坪以下の規模、自宅から30分以内で通えるエリアが物件探しの条件。サラリーマン時代の勤務地だった京橋の物件を知人から紹介され、出店を決めた。ラーメン店の居抜きだったものの古い店だったため、内外装はスケルトンに戻した。初期投資額は1800万円まで膨らんだが、自己資金300万円で、国民生活金融公庫（現・日本政策金融公庫）から1500万円の融資を獲得した。

縮しながら、仕上がりの味を安定させることができます。

Q ラーメン店を開業してから苦労したことは？

正直なところ、これまでに苦労というほど厳しい状況に陥ったことはありません。もちろん、開業当初は閑古鳥が鳴く日も多かった。でも、スロースタートになるのは事業計画に織り込みずみで、その間にスープを改良するなど力を蓄えてきました。また、京橋はサラリーマン時代に拠点としていたエリア。近隣のオフィスワーカーに贔屓にしてもらえれば集客が安定すると想定していましたが、狙い通りに常連客が増えていき、半年ほどで営業が軌道に乗せることができました。

Q 当初から多店化を想定していましたか？

いいえ。京橋の本店が繁盛すればそれで充分だと考えていました。店が忙しくなり、人員を補充することになりましたが、スタッフが成長すれば次の活躍のステージを用意してあげるのが経営者としての責務。そのために出店を重ねてきただけなんです。いまでも店数を増やそうという考えはなく、店長会で出店の希望がスタッフからあがってきたら出店を検討する仕組みをとっています。店長には充分な店長手当を用意し、経営数値を明確にして経営者意識をもたせるようにしています。また、独自のラーメンづくりにチャレンジさせるため、店ごとに月替わりの限定ラーメンを提案できるようにしています。独立希望者もできる範囲でバックアップしていますが、ブランド価値のコントロールが難しくなるため、ど・みそののれん分けはしない方針を採っています。

大規模なオフィスビルが林立する東京・京橋の、飲食店が建ち並ぶ路地沿いに店を構える。平日は近隣のオフィスワーカー、週末はラーメンフリークなどの目的客を集客する。

DATA

- 開業年月／2006年3月15日
- 店舗面積／7.5坪
- 席数／11席
- 厨房スタッフ数／常時2～3人（計19人）
- サービススタッフ数／厨房スタッフが兼任
- 営業時間／11時～22時30分(L.O.)
　土・日曜、祝日　11時～21時(L.O.)
- 定休日／無休
- 住所／東京都中央区京橋3-4-3 千成ビル1F
- 電話／03-6904-3700
- URL／blog.livedoor.jp/do_miso

味噌らぁめん 一福

東京・初台に店を開いて26年。鶏ガラ、豚ゲンコツ、背脂などを8時間炊いた濃厚な白濁スープと甘口の味噌だれを合わせた「味噌らぁめん」が看板商品。店主の細やかな心配りも相まって、開店以来、通い続ける常連客も数多い。

店づくり、営業について

東京・初台に「味噌らぁめん 一福」がオープンしたのは1990年10月。店主の石田久美子さんは脱サラした夫とともにラーメン店を開業し、ほどなく離婚。女手ひとつで味噌ラーメンが評判の人気店に育てた。2012年4月に現在地へ移転オープン後も、その味と人気は健在だ。

Q ラーメン店を開業した経緯を教えてください。

結婚して15年ほど専業主婦をしていた頃、夫が脱サラしてラーメン店を開業すると言い出しまして。当時、住んでいた家の近くに7坪弱の店舗を借りて1990年10月に「味噌らぁめん 一福」を開業しました。ラーメンは、以前から家でスープをとって家族のためにつくっていましたが、店を切り盛りするのはぶっつけ本番。わからないことだらけだったので、懇意のラーメン店のご主人に仕入れ先や排水溝の掃除の仕方など、こまごま教えていただきました。夫は、店を開けばすぐお客さまで満杯になると思っていたようですが、毎日閑古鳥が鳴く状態で。数ヵ月後、夫は店と私をおいて出ていきました。それからは母と2人で1日の休みもとらずに営業し、どうにか店を続けました。普通ならやめてしまうような状況でしたけれど、なんとか続けられたのは、借入金がなかったことが大きかったと思います。

Q 看板の味噌ラーメンはどのようにつくり上げたのですか？

私は昔から味噌ラーメンが好きで、北海道を訪れるたびに食べ歩きをしていました。あるとき、店のご主人から「うちみたいに1杯分ずつ鉄鍋をふるのは女性には無理。腱鞘炎になるよ」と言われたことがあって。確かに無理だと思いましたので、開業が決まって味噌ラーメンのレシピを考える際に、鍋をふらずにつくる方法を考えました。

最初、スープに使う豚ゲンコツと鶏ガラは別々に炊いていたのですが、少量しか仕込まないうちの店には向かないやり方だったので、1ヵ月ほどで動物系素材をひとつの鍋で炊くいまのつくり方に変えました。味噌は何十種も試して。そのなかから4種の信州味噌を合わせて味噌だれに。その後、2000年頃に長崎県産の麦味噌に出合い、それからは5種の味噌をブレンドして使っています。開業当時、麺はご近所の製麺所のものを使っていましたが、よりおいしいと思う麺に出合うとそちらに替えて。いまはスープがよくからみ、ちぢれ麺なのにのど越しがよい三河屋製麺さんの麺を使っています。

Q 営業上の苦労を教えてください。

開業後1年ほどはお客さまがまったく来なくて、それが一番大変でした。その後、クチコミで徐々にご来店いただけ

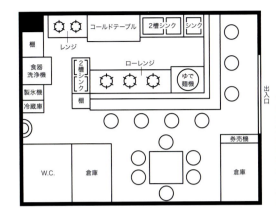

もと寿司店だった物件を居抜きで取得。カウンター、製氷機、冷蔵庫などはそのまま生かし、約300万円かけて13席のラーメン店へ改装した。ゆで麺機やローレンジ、浄水器などは以前の店から移設し、石田さん自身が使いやすく配置。お客の来店、退店時にひと声掛けられるよう、ゆで麺機は厨房内の出入口に一番近い位置に設置している。

るよになりましたが、1996年に母が亡くなり１人で店に立つようになった頃に腱鞘炎が悪化して。それを機に餃子、チャーハンなど、いろいろあったメニューを絞り、ラーメンとカレーを提供するいまのメニューに変更しました。営業上の転機になったのは98年。ラーメン評論家の石神秀幸さんが雑誌で紹介してくださったことから、たくさんのお客さまに足を運んでいただけるようになりました。

2012年に現在の場所へ移転してからは客席数が倍になり、１人ではまわせなくなったため、アルバイトをお願いして２人体制に。１年半は昼、夜、営業していましたが、私が体調をくずしてしまったため、14年から営業を昼のみにしています。それでも仕込みなどがあるので帰宅できるのは21時か22時。週１の定休日も仕込みをしているので、完全な休日は年末年始と夏休みだけです。好きでなければ続けられない仕事ですね。

Q ラーメン店を続けてきてよかったことは？

ご両親と来店されていたお子さんが大人になって１人で食べに来てくれたり、昔からのことをよく知っている常連のお客さまが母の思い出を話してくださったり。おかげさまで人との縁には恵まれました。そんな感謝の気もちを込めて、スープのアクをとるときも、麺を混ぜるときも、「おいしいラーメンを食べていただこう」と胸の中で唱えながら仕事をしています。

これからの目標は、他にはない新しいラーメンをつくってお客さまに喜んでいただくこと。アイデアは出しつくされているので、よそさまがやっていないラーメンを考えるのは大変ですけれど、ぜひ新メニューを開発したいと思っています。

京王新線初台駅から徒歩約12分、庶民的な商店街の一角に立地。割烹を思わせる落ち着いた佇まいの店内には、額に入った著名人のサイン色紙が多数飾られている。移転費用は約500万円。

DATA

- 開業年月／1990年10月
- 店舗面積／約15坪
- 席数／13席（カウンター7席、テーブル1卓）
- 厨房スタッフ数／1人
- サービススタッフ数／1人
- 営業時間／11時30分〜14時30分
- 定休日／月曜（祝日の場合は翌火曜）、第2・4水曜
- 住所／東京都渋谷区本町2-17-14 小泉ビル
- 電話／03-5388-9333

麺や庄の

独学でラーメンの腕を磨いた庄野智治さんが2005年に開業。濃厚豚骨魚介スープの「らーめん」をメニューの柱にしながら、創意工夫に富んだ創作ラーメンを次々と編み出してきた。11年には多店化に乗り出し、現在は国内6店、海外1店を展開する。

JR市ケ谷駅から徒歩5分の路地沿いに立地。周辺はビルが建ち並ぶオフィス街で、お客は、平日は近隣のオフィスワーカーや学生、週末は同店を目当てに来店する目的客が中心になる。

「麺や庄の」をはじめ、東京、神奈川でラーメン店6店を展開する庄野智治さん。高校生の頃に寸胴鍋を買って人気ラーメン店の味を再現するなど、独学でラーメンの技術を身につけた。麺や庄のでは月替わりの創作ラーメンを提供しており、これまでに庄野さんが編み出したレシピは250品を超える。

店づくり、営業について

Q ラーメンに関心をもつようになったきっかけは？

高校1年生のとき、地元の神奈川・登戸にラーメン店「十八番」がオープンし、そこで食べたラーメンに衝撃を受けました。小学生の頃から兄に連れられて中華食堂でよくラーメンを食べていましたが、ラーメン専門店の味はずば抜けておいしく、その魅力に開眼しました。次第に自分でもつくりたいと思うようになり、近所の精肉店で豚ゲンコツを分けてもらい、それでラーメンをつくって友だちに食べてもらったところ、皆が大絶賛してくれたんです。それからラーメンづくりにはまっていきました。

Q ラーメン店の修業経験はありますか？

いいえ。自宅でラーメンをよくつくっており、あらためて調理技術を学ぶ必要はないと思っていましたし、店で修業をするとその型にはまってしまう気がしたんです。経営を学ぼうと考え、大学は経営学部に進学しましたが、すぐに授業が退屈になって2年で退学。それから開業資金を貯めるために塗装業者で働きはじめました。仕事先を塗装業者にしたのは店づくりのノウハウを習得できると考えたからです。3年間で自己資金600万円を貯め、タイミングよく、東京・市ヶ谷に条件のよい物件が見つかったため、とんとん拍子で「麺や庄の」を開業することができました。

Q 濃厚豚骨魚介のラーメンを主力商品にした理由は？

2005年の開業時、豚骨魚介のラーメンが盛り上がっていたので、その波に乗ろう、と。当初は"こってり"と"あっさり"の2タイプのラーメンを提供していましたが、個性を追求するために2010年からこってり1本に絞り込むことにしました。ただ、独学で編み出したラーメンの味には自信がありましたが、開業当初は店で提供するとひどくまずかったんです。大きな寸胴鍋で仕込んだスープは、時間の経過とともにどんどん品質が劣化する。温度管理が杜撰だったのが原因でしたが、ラーメン店の修業経験がなかったため、そうした知識がなかったんです。スープのレシピの改善を重ねて品質の安定化を図りましたが、まずいラーメンで離れていったお客さまにふたたび戻ってきてもらうのに3ヵ月以上を要しました。

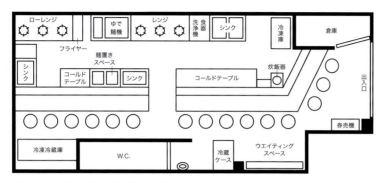

店は2010年11月に移転し、店舗規模を15坪15席に拡張した。当初はカレー専門店の居抜き物件に出店。店舗規模10坪10席で初期投資を600万円まで抑えたが、空調設備が充分でなく、店内にスープの湯気がこもるなど、再投資が必要な環境でスタートを切った。移転した店では厨房に充分なスペースを確保。フライヤーを導入することで創作ラーメンのバリエーションの幅も広がった。

Q 月替わりの創作ラーメンをつくり続けている理由は？

創作ラーメンの第1弾はオープンから3ヵ月後に提供した寒ブリを使った塩ラーメンでした。ラーメンの品質が安定し、常連のお客さまが増えてきたため、商品が変わり映えしないと飽きられるのでは、と思ったんです。それから10年以上にわたって創作ラーメンを編み出してきましたから、レシピはざっと250品を超えます。2011年に出店した2号店の「二代目つけめん GACHI」は創作ラーメンのなかでもとくに評判が高かった鶏白湯スープを使ったつけ麺をメインにした店。旬の食材を使ったラーメン、クラムチャウダーやトムヤムクンをベースにしたつけ麺、毎年2月に提供するチョコつけ麺など、創作の幅はどんどん広がっている。日頃から食べ歩きを繰り返していますが、ラーメン店以外の多様なジャンルの店に足を運んで創作のアイデアを集めるように心掛けています。

Q 今後の目標を教えてください。

私はラーメン店の店主であるとともにラーメンクリエイターだと自負しています。東京、神奈川でラーメン店6店を運営していますが、店数を増やすことに興味はない。ラーメンをたんなる商品ではなく、コンテンツとして捉えることで、生産者の想いや食材の魅力などラーメンを通じてさまざまなストーリーを発信していきたいと思っています。また、2016年2月にアメリカに海外1号店をオープンしましたが、海外で本物の味を提供することにより、ラーメンを一過性のブームではなく、食文化として根づかせたいですね。

2016年現在、国内6店、海外1店のラーメン店を運営し、スタッフの人数も50人を超えた。当初、庄野さんはスタッフに厳しく接していたが、2号店を出店した際にその姿勢を反省。楽しんで仕事をし、ともに成長できる企業をめざす。

DATA

- 開業年月／2005年9月
- 店舗面積／15坪
- 席数／15席
- 厨房スタッフ数／3人
- サービススタッフ数／1人
- 営業時間／11時〜15時、17時〜23時
  土曜、祝日　11時〜23時
  日曜　11時〜17時
- 定休日／無休
- 住所／東京都新宿区市谷田町1-3
- 電話／03-3267-2955
- URL／menya-shono.com

麺処 ほん田

本田裕樹さんは弱冠21歳で独立。濃厚な豚骨魚介スープのつけ麺とタイプが異なる3種のラーメンはいずれも高い評価を得て、瞬く間に繁盛ラーメン店の仲間入りを果たした。これまでに店数を4店に伸ばし、すでに独立者も複数人輩出している。

店づくり、営業について

JR東十条駅から徒歩5分の交差点角に立地。周辺は住宅地で、飲食店もまばらだが、そのぶん家賃が格安だった。

Q いつ頃ラーメン店の開業を志すようになりましたか？

高校に入学して間もなく、麺屋こうじグループの「牛久大勝軒」でアルバイトをはじめたのをきっかけに、まずラーメンの魅力に目覚めました。それまでラーメンにはまったく興味がなかったのですが、大勝軒のつけ麺を食べて目から鱗が落ち、3年間ずっと働くことになりました。当時はバンド活動にはまっており、高校卒業後はミュージシャンをめざしましたが、すぐにその道に限界を感じるようになりました。その代わりに、音楽ではなく、ラーメンで自己表現したいと考えるようになり、20歳のときに麺屋こうじグループの店でふたたび働きはじめたのです。

Q 都心部から離れた東十条に出店した理由は？

自己資金が乏しかったこともあり、私は麺屋こうじグループの独立支援制度を利用して店を開業しました。これは本部が初期投資を立て替え、私は社員として店を運営しながら売上げの中から投資額を返済して完全独立をめざす制度。だから、出店エリアや物件の選定などは本部の意向に従いました。

正直なところ、都心部で勝負したいという思いはありました。先輩には「やりたいことは2号店でできる」と言われましたが、あらためて振り返ると、その言葉に従って正解でしたね。開業当初は不慣れなことの連続ですし、売上げも不安定になりがちです。都心部は投資額も、固定費も格段に高くなりますから、スタートダッシュでつまづくとダメージが大き過ぎる。そうしたリスクを避け、目的客を呼び込めるようにじっくりと店を育ててきたことがいまにつながっていると思います。

Q ラーメンの品ぞろえはどのように決めましたか？

最初に決まったのがつけ麺を看板商品にすることでした。つけ麺は「また食べたい」と思わせる中毒性がラーメン以上に高いため、看板商品に打ってつけだと考えたんです。動物系、魚介系のうまみが濃く、それでいてとろみが強すぎない"こってりスープ"を編み出し、それを使ったつけ麺とラーメンをつくりました。ただ、東十条には比較的古い住宅地が広がっており、"こってり"だけだと客層が若者に偏ってしまう。そこで鶏ガラベースの"あっさりスープ"の醤油ラーメン、塩ラー

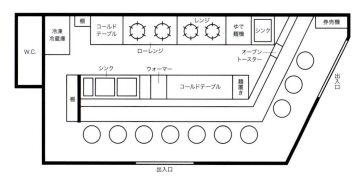

店舗規模8.8坪10席。店舗はラーメン店の居抜き物件で、内外装やコンロなどの厨房設備はできるだけ再使用した。麺屋こうじグループの独立支援制度を利用して出店したので、初期投資額約1500万円のうち本田さんが負担したのは100万円。店の売上げから投資額を返済していき、2009年1月に完全独立を果たした。

メンをラインアップに加え、幅広い年代のお客さまに利用してもらえるようにしました。

Q 独立してからもっとも苦労したことは何ですか？

開業から半年くらいはラーメンの品質も不安定で、試行錯誤の連続。調理方法を工夫したり、新しい取引先を開拓して食材を変えたりと、自分の求めるラーメンづくりに無我夢中でとり組みました。もちろん、トラブルもいろいろ発生しましたが、ラーメンのことを考えるのが楽しくて仕方がなく、365日間休みがなくてもそれを苦労だと思ったことはありませんでした。ただ、2012年1月に2号店の「麺処 夏海」を出店したときに「人を使う」ことの難しさを痛感しました。私は店数が増えても「麺処 ほん田」の現場から離れるつもりはありません。だから、支店は店長に営業を任せていますが、商品の品質やサービスレベルの維持はなかなか思い通りにはいきませんでしたね。

Q 今後の目標を教えてください。

21歳で独立をしたとき、「30歳で世界に挑む」という目標を立てました。すでに想定した年齢に到達しましたが、時期に多少のズレがあっても世界挑戦は必ず実行に移すつもりです。めざしているのはフランス・パリ。何事も中途半端は嫌いですから、海外進出はたんに支店を出すのではなく、自分自身で現地に乗り込んでいって全力でぶつかっていくつもりです。つねにラーメンの新しい可能性に向かってチャレンジしていきたいですね。

店主の本田裕樹さんは1986年茨城県生まれ。高校3年間、茨城県下にある麺屋こうじグループの「牛久大勝軒」でアルバイトをし、ラーメン店主を志すようになる。20歳のときに麺屋こうじグループの社員となり、独立支援制度を活用して21歳で「麺処 ほん田」をオープンした。

DATA

- 開業年月／2008年2月
- 店舗面積／約8.8坪
- 席数／10席
- 厨房スタッフ数／2〜3人
- サービススタッフ数／1人
- 住所／東京都北区東十条

※2020年に下記住所に移転。
- 東京都千代田区神田花岡町1-19
- 営業時間／11時30分〜15時、18時〜22時
- 定休日／水曜

らぁ麺 胡心房

両親が創業したラーメン店「虎心房」を手伝うようになり、区画整理に伴う移転を機に、「胡心房」として独自のラーメンに切り替えた店主の野津理恵さん。「罪悪感なく完食できるラーメン」を、安定的に提供できるように努めている。

店づくり、営業について

店主の野津理恵さん（左）は、20代後半から両親が創業したラーメン店「虎心房」を手伝うようになり、2005年5月に「胡心房」をオープン。カップルがデートで利用しても、女性がわびしい気もちにならないように、味だけではなく、清潔感、スタッフの気配りも含めた、トータルバランスのよいラーメン店をめざしている。

Q 女性スタッフだけのラーメン店をはじめたきっかけは？

もとは、東京・稲城で大衆割烹を経営していた両親が、その隣で「虎心房」というラーメン店をはじめたのです。その虎心房が深刻な人手不足になり、私が手伝わざるを得ない状況になったのですね。それが私にとって初めてのラーメン店の厨房経験でした。20代後半のときで、それまでもずっと飲食業で働いてきたので、接客も嫌いではないですし、食べること、つくることが好きですから、ラーメン店にも全然抵抗はなかったのです。当時は母が大衆割烹、父がラーメン店を主に担当していたのですが、だんだんラーメンのほうに女性スタッフを集めるようになって、それが東京・町田に「胡心房」として移転し、女性スタッフばかりのラーメン店となったきっかけかもしれないです。逆に、「女性がラーメン店をできない理由は何？」「何で女性のラーメン職人がいないの？」と思ったことはありました。例えばここでは、大きい寸胴鍋からスープを漉したら、女性でも持てるサイズの寸胴鍋に8分目しか入れないし、大きい寸胴鍋を動かすときは液体は入っていない。そういう工夫があればいいわけです。いまでこそ独立志望の男性スタッフを受け入れることもありますが、厨房から何から女性用サイズでつくってあるので、男性には窮屈そうです。

Q 移転を機にいまのスタイルに変えた経緯を教えてください。

稲城市の店舗が区画整理で立ち退きになり、もともと私たち家族は町田に住んでいたので、自宅から近いところで物件を探しました。両親は神奈川・相模原に「虎心房」を、私は漢字を一文字変えた「胡心房」を町田に出店しました。両親の店はいまはもうないですが。

前身の虎心房は、比内地鶏を使った透き通ったスープと、白湯三骨（パイタンさんこつ）スープと呼んだ、牛、豚、鶏の3種の骨を使った白く濁ったスープをつくっていました。両方に常連客がついてきていましたし、勉強にはなったのですが、2種あることが確実によいことではないのです。ひとつが自分のラーメン、もうひとつが違うラーメンになってしまうので。そこで、2つのスープの「いいとこどり」をした「お魚とんこつ」と呼んでいるベースのスープ1本、たれ1本のレギュラー商品とし、そこに限定商品、季節商品、混ぜそば、ヘルシーセ

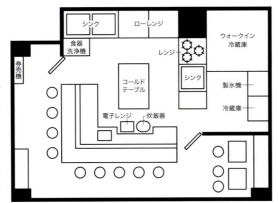

オープンキッチンを囲むカウンター席と、テーブル2卓で計14席を設置。厨房内は床を高くし、厨房機器類の下の隙間をなくしたドライキッチンとしている。また、洗いもの以外の水は、すべて逆浸透膜を通して不純物を除去したRO水を使用している。

ットなどの変り種を加えることにしました。いまのストックスタイルといわれるスープのつくり方とストックの仕方は、私にはよいことづくめ。一晩低温熟成させることでうまみ成分にまとまりをもたせ、脂も抜きとることができ、低カロリーの「ヘルシーらぁめん」もつくれるようになったのです。

Q **女性客を意識した商品開発の発想を教えてください。**
前身の虎心房時代に、年配の女性客から「おいしかったわ、でも体に悪いからスープは残しちゃった」と言われたのです。ラーメンはなぜ体に悪いと思われているかというと、脂たっぷり、塩分も多いという固定観念からなのですね。ラーメンは身体によくないというイメージの払拭が、ここでの味づくりにすごく影響しています。塩分を控えたければだしをきかせる、うまみをバランスよく増やして脂に頼らない、「罪悪感なく完食できるラーメン」を考えていったのです。

Q **ラーメン店の開業をめざす人へのアドバイスは？**
安易に「ラーメン店は儲かる」と思ってはじめないほうがよいでしょう。「行列＝大繁盛」でもないのです。おいしいラーメンをつくるのは案外簡単かもしれませんが、おいしいだけではなく、"はまる味"を、安定してつくり続けるのはとても大変です。一度食べておいしかったからまた来たのに、「あれ、全然違う」とお客さまをがっかりさせるのは、ラーメン店が一番してはいけない、お客さまに対する裏切り行為です。ラーメン店がめざすところは、いつも同じ味を安定供給することです。ラーメン店は、1杯の丼に責任があるのです。

JR横浜線町田駅のホームのすぐ横にあるビルの1階に出店。店舗の入口が北側にあり、お客がウエイティング中に直射日光にさらされないことも、同物件を選んだ理由のひとつ。

DATA

- 開業年月／2005年5月
- 店舗面積／約12坪
- 席数／14席
- 厨房スタッフ数／常時3～4人（計9人）
- サービススタッフ数／厨房スタッフが兼任
- 営業時間／12時～15時、18時～21時
  土曜　11時30分～20時
  日曜、祝日　11時30分～18時
  ※材料切れ次第終了
- 定休日／月曜（祝日の場合は営業）
- 住所／東京都町田市原町田4-1-1 太陽ビル
- 電話／042-727-8439
※2020年夏以降リニューアルオープン予定
　営業時間、定休日変更の可能性あり

麺屋 藤しろ

大山どりの丸鶏や鶏ガラを8時間じっくり煮込んだ濃厚な鶏白湯が評判。こくがありながらも後味がよく、コラーゲンたっぷりのラーメン、つけ麺は女性客にも人気が高い。2014年には三軒茶屋店をオープンし、現在2店舗を運営する。

店づくり、営業について

店主の工藤泰昭さんは1974年生まれ。16歳で焼肉店のアルバイトをはじめたのを機に飲食業に興味をもち、洋食店、フレンチレストラン、バーなどで経験を積み、33歳でラーメンの世界へ。東京・東十条「麺処 ほん田」で1年半修業し、2012年「麺屋 藤しろ」を出店した。

Q ラーメン店を開くまでの道のりを教えてください。

16歳から飲食業で働きはじめ、20歳頃には漠然といつか自分の店をもちたいと思うようになりました。それから、洋食店、フレンチ、イタリアンなどで働き、ラーメン店を開業しようと決めたのは33歳のとき。当時はバーの店長をしていたのですが、結婚や子育てを考えると昼間の仕事がしたいなと。もともとラーメン好きだったこともあり、ラーメン店開業をめざすことにしました。とはいえ、ラーメンのつくり方は知らなかったので、有名店で働いてとにかくラーメンをたくさんつくらせてもらおうと修業先を探し、東京・東十条の「麺処 ほん田」に2010年の夏に入店。スープの炊き方、漉す技術など、ラーメンづくりの技術のほとんどをほん田で学ばせてもらいました。とくに勉強になったのは香味油の考え方。いまも店では、ほん田で学んだノウハウを生かし、香味油を使ってひと口めからインパクトのある味に仕上げています。

自分がつくりたいラーメンのイメージがほぼ完成し、ほん田を退職したのは12年1月。それから物件探しを開始し、都内のオフィス街と住宅が入り混じったエリアを中心に、2人でまわすのにちょうどよい10〜13坪くらいの居抜き物件をあたりました。現物件は駅にも近く、認知度が上がれば集客できると考え、出店を決定。前店がラーメン店だったのでカウンターなど使えるものはそのまま使い、中古厨房機器店やオークションで必要な道具を買いそろえて12年7月にオープンしました。

Q 鶏白湯ラーメンはどのようにつくり上げたのですか?

私自身が一番好きなのは濃厚な豚骨ラーメンなのですが、豚骨系はさまざまなタイプがすでにつくられていて、特徴を出しづらいだろうと考え、まだ開拓の余地がある鶏白湯で個性を打ち出していこうと決めました。レシピを考えるにあたり、あちこち食べ歩いてみたのですが、ほとんどの店のスープがぽったりとしたポタージュ系。それなら、うちはもう少しさらりとしたスープで勝負しようと、油っぽい素材やコラーゲン質の強い素材は使わずに、最後まで飽きずに飲み干せるスープに仕上げることにしました。方向性が決まれば、あとは味とコストのバランスをいかにとるか。予算内で求める

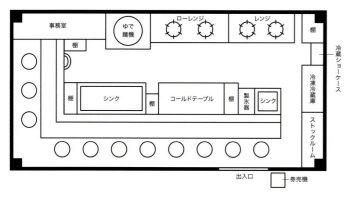

JR山手線目黒駅から徒歩2分の繁華街に建つビルの1階・飲食店フロアに立地。もとラーメン店だった店舗を居抜きで借り受け、カウンターや冷蔵庫、エアコン、グリストラップなど、使える部分をそのまま生かして内装費を抑えた。開業投資額は約580万円。1日の客数は平日、週末ともに200〜250人で推移している。

味をつくり出せる素材、配合、仕込み量などを検討し、丸鶏と胴ガラ、首ガラをメインに牛骨、牛スジでうまみやこうばしさ、野菜で香りを補強する現在のスープが完成しました。

Q **2店舗めを出店された経緯を教えてください。**

たまたま飯田橋にラーメン店の居抜き物件が出たため、2013年3月に2号店をオープンしました。しかし、オフィス街のため土日祝日は集客がいまひとつ……。そんなとき、三軒茶屋にそば店の居抜き物件が出たことから移転を決め、飯田橋店を閉めて2014年9月に三軒茶屋店をオープンしました。現在のスタッフは、私の他に各店舗に社員が1人ずつ、あとはパート、アルバイトを雇い、1店舗2〜3人体制で営業しています。開業してみて一番大変だと感じるのは人材の問題ですね。ローテーションの穴は私が埋め、それも難しいときは料理人の友人に助っ人を依頼して、なんとかやっています。

Q **今後の予定、目標を教えてください。**

独立当初から5店舗出店をめざしてきたので、この目標は達成したいと考えています。ただし、そこがゴールではないので達成後は新たな目標に向かい、進んでいくことになりますね。いまのところ新業態は考えていませんが、多店舗化した場合、すべての店舗で同じクオリティのラーメンを提供するのは難しい面がありますから、業態を変えてみるのも面白いかもしれません。また、オープン当初はいろいろ試しましたが、最近はスープのレシピにあまり手を加えていないので、そろそろ味のブラッシュアップにとり組んでみようと思っています。

店舗の入口に小さめの券売機を設置。昼どきには行列ができるため、ウエイティング用の椅子を用意している。カウンター、テーブルはラーメン店だった前店のものをそのまま使用している。

DATA

- 開業年月／2012年7月
- 店舗面積／約10坪
- 席数／11席
- 厨房スタッフ数／2人
- サービススタッフ数／厨房スタッフが兼任
- 営業時間／11時〜15時、18時〜22時
- 定休日／日曜
- 住所／東京都品川区上大崎2-27-1 サンフェリスタ目黒109
- 電話／03-3495-7685
- URL／hujishiro.jp

麺劇場 玄瑛
六本木店

無添加・無化学調味料の豚骨ラーメンで博多ラーメンに新風を巻き起こした「麺劇場 玄瑛」。東京・六本木店でもスープづくりにイベリコ豚を使うなど、店主の入江瑛起さんはラーメンの新たな価値創造にチャレンジし続けている。

店づくり、営業について

入江瑛起さんは、20代前半は興信所勤めをしていたという異色の経歴をもつ。そのときに出会ったラーメン店主の生き方に惹かれ、ラーメンの道を進みはじめる。2001年に福岡県宮田町（現・宮若市）に「玄黄」を開業。無添加・無化学調味料のラーメン店として03年に「麺劇場 玄瑛」福岡本店を出店した。

暖簾などを掲げず、一見するとラーメン店とは思えない店構え。六本木のメインストリートから離れた、落ち着いたエリアに立地する。

Q ラーメンの道を歩きはじめたきっかけは？

僕は21〜24歳まで興信所に勤めていました。「探偵」というとかっこよく聞こえますが、まともな仕事ではないし、人間の裏側を見続けているうちにどんどん心がすさんでいった。そんなとき、懇意にしてくれていたラーメン店の大将に「目つきが悪い」と咎められ、「ちょっと厨房に入ってみろ」と言われたんです。1日中、厨房から店の様子を眺めていましたが、いろいろなお客さまが来店し、みんな楽しそうにラーメンを食べていた。その姿を見て、「たった1000円でこんなに人を幸せにできるってすごい」と感銘を受け、自分もそんな仕事をしたいと思うようになりました。

Q ラーメンの調理技術や知識はどう身につけましたか？

熊本ラーメンの名店としてよく知られた「ラーメン天和」で5年間修業しました。そこでラーメンのいろはを学びましたが、もともと好奇心、探究心が旺盛なこともあってラーメンに関していろいろと「疑問」をもつようになりました。たとえば、ラーメンは麺を食べる料理なのに、製麺を業者任せにするのはおかしい。そこで仕事が休みの日に製粉会社の研究室を訪ねて粉について勉強しました。また、製麺の理論に適う製麺機が見つからなかったため、製麺機も自分でつくるなど独学で身につけた技術、知識も多いですね。

Q 六本木店のラーメンを福岡本店と変えた理由は？

ラーメンの進化が止まっている。そう自省したのが一番の理由です。2003年に出店した福岡本店では、豚骨ラーメン独特の"悪臭"をとり除いた無添加・無化学調味料のラーメンを追求し続けてきましたが、それでも「豚骨ラーメン」の域を超えるものではない。11年に東京・広尾に出店した完全予約制のラーメンダイニング「GENEI.WAGAN」ではラーメンを軸に200種超のメニューをつくりました。それとは逆に、ラーメン1本で勝負しようと出店したのが六本木店であり、そこで豚骨や鶏ガラなどをいっさい用いない新たなラーメンにチャレンジしたんです。

Q 「麺劇場」という営業スタイルを採った理由は？

麺劇場とはいっても、特別なパフォーマンスで魅了しようとは考えていません。外食業の本来の姿を追求した結果、

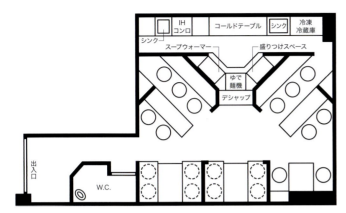

物件の規模は15坪だが、出入口のアプローチ部分が狭いために客席、厨房として利用できるスペースは12坪強。スープの仕込み時間を大幅に短縮するなど、調理オペレーションの効率化を図ることで厨房規模を3坪以下に圧縮。客席スペースを広くとることにより、席を詰め込まずにカウンター10席、テーブル3卓10席の計20席を確保した。

このスタイルにいきついたんです。ラーメン店に限らず、飲食店はつくり手がお客さまと向き合い、対話してこそ本当のサービスが提供できると考えています。つくり手もお客さまに見られることで「よい仕事をしよう」という姿勢を保つことができます。また、「非日常」の時間を楽しむのも外食の魅力のひとつ。ラーメンは日常食の代表ですが、それを非日常の空間で味わうというギャップを演出するのも狙いです。

Q サービスで心掛けていることは何ですか？
お客さまが席に着いたら必ず5秒以内に声を掛けるようにしています。初来店のお客さまなどは少なからず緊張されているもの。その状態で食事をしても心からラーメンを楽しめませんから、まず商品説明などの声掛けによってお客さまにリラックスしていただくわけです。また、スタッフには常日頃から「恋愛をしろ」と言っています。恋人をつくるという意味ではなく、人を好きになり、相手を思いやる気もちをもつことがサービス力を高めると考えているんです。

Q 今後の計画や目標を聞かせてください。
GENEI.WAGANのお客さまには経営者の方が多く、経営者の方と接する機会が増えたことで、企業経営の難しさと面白さを学びました。"ラーメンを探求し続ける"という基本姿勢は変わりませんが、そこから事業を発展させるにはどうすればいいのか。2017年を目標に自社工場を開設する計画ですが、六本木店をフラッグシップショップとし、従来のチェーン展開とは異なるラーメン店の多店化に乗り出したいと考えています。

屋号に「劇場」を掲げる通り、厨房を舞台に見立て、すべての客席からラーメンづくりを見られる店舗レイアウトを採用。ガラス製の什器やインテリアに鏡などを用いて小スペースでも広く感じる内装を施している。

DATA

- 開業年月／2015年10月
- 店舗面積／約15坪
- 席数／20席
- 厨房スタッフ数／2人
- サービススタッフ数／1人
- 住所／東京都港区六本木

※六本木店は2019年に閉店。

つけめんTETSU
千駄木本店

「つけめんTETSU」をはじめ7ブランド約30店のラーメンチェーンをつくり上げた小宮一哲さん。超濃厚スープでつけ麺の新境地を切り拓いて創業店を行列店に育てると、すぐさま多店化に向けた仕組みづくりに尽力。堅調に店数を伸ばしていった。

店づくり、営業について

㈱YUNARI代表取締役の小宮一哲さんは高校に3日しか登校せず、退学して単身でオーストラリアに旅立つなど波乱の10代を過ごす。帰国後、短期大学に進学してから4年生大学に編入。㈱ファーストリテイリング、セコム㈱とラーメン店とは関わりがない企業に勤務したのち、2005年8月に「つけめんTETSU」を開業した。

Q　なぜラーメン店を開業したいと思ったのですか?

父親が食べ歩きが好きで、子どもの頃から外食する機会が多く、ラーメン店にもよく連れていってもらいました。東京・荻窪の「春木屋」さんや永福町の「大勝軒」さんといった名店にもよく訪れていましたから、自然とラーメン好きになりました。それに加え、もともと独立心が旺盛だったこともあり、学生の頃にはラーメン店を開業したいと考えていました。

Q　ラーメン店の修業経験はありますか?

大学卒業後、私が就職したのは㈱ファーストリテイリング。ちょうど「UNIQLO」が全国規模でぐんぐんとチェーン網を拡大している時期であり、店舗運営やチェーンストアのノウハウを学ぶのが目的でした。その後、開業資金を貯めるためにセコム㈱の営業職に転職しました。開業以前にアルバイトを含めてラーメン店の勤務経験はありません。だから、ラーメンはまったくの独学です。学生のときに小ぶりな寸胴鍋を買い込み、食べ歩いた店のラーメンを再現するなど地道に研究を重ねました。調理技術などは店をもてば否が応にも鍛えられますから、それよりも経営者としてのスキルを学ぶべきだと考えたんです。

Q　ラーメンではなく、つけ麺を主力商品にした理由は?

いまでこそ、多くのつけ麺専門店がありますが、2005年の開業当時は「つけ麺」を屋号に掲げる店はほとんどありませんでした。ラーメンが競合が激しいマーケットであることは充分に承知していましたから、つけ麺専門店を打ち出すことで差別化につながると考えたんです。それと、食べている途中でつけ汁に焼石を入れ、熱々に温め直すサービスも開業前から考えていました。ただ、開業当初のメニューはラーメンとつけ麺の2本柱であり、つけ麺も甘辛味のオーソドックスなつけ汁だった。4ヵ月ほど不振が続いたため、売りであるつけ麺の商品設計を全面的に見直したことで、現在のスタイルにいきつきました。

Q　ラーメン店のサービスをどう捉えていますか?

ラーメン店というと商品の品質ばかりに目を向けがちですが、お客さまにご満足いただくには商品力と変わらないく

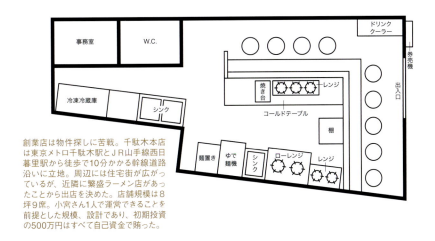

創業店は物件探しに苦戦。千駄木本店は東京メトロ千駄木駅とJR山手線西日暮里駅から徒歩で10分かかる幹線道路沿いに立地。周辺には住宅街が広がっているが、近隣に繁盛ラーメン店があったことから出店を決めた。店舗規模は8坪9席。小宮さん1人で運営できることを前提とした規模、設計であり、初期投資の500万円はすべて自己資金で賄った。

らいにサービス力も重要だと思っています。ラーメンは嗜好性が強い料理ですから、100人が食べて100人がおいしいと思うラーメンはありません。でも、たとえば800円のラーメンが好みと異なり、500円の価値しか感じられなかったとしても、気配りがあるサービスに徹することでマイナスの300円ぶんをカバーすることもできる。こうした観点から発想したのが焼石の提供であり、商品とサービスを結びつけることで価格以上の価値を追求したわけです。また、サービスと同様に清潔感も大事。ラーメン店にありがちな脂ぎった床や壁、テーブルなどは女性から敬遠されます。1人でも多くのお客さまに喜んでいただくにはQSC(クオリティ、サービス、クレンリネス)にバランスよく力を注ぐべきだと考えています。

Q 創業から10年余りで店数を30店まで伸ばせた秘訣は？
「つけめんTETSU」の開業段階ですでに多店化を意識していて、07年に2号店を出店してからその仕組みづくりに本腰を入れました。出店を進めながら、スタッフのモチベーションを高める店長の公募制、スープの品質管理を習慣づける「味見メール」などを順次採り入れました。そして、10年にはスープづくりと製麺を集約したセントラルキッチンを開設するとともに、自社配送車も導入しました。つけ麺も個性を追求した"超濃厚スープ"から、子どもや年配者など幅広いお客さまの好みに合うように"バランスのとれた濃厚スープ"に改良を重ねてきました。そうした積み重ねがいまにつながっているのだと思います。

千駄木本店は最寄り駅からのアクセスの悪い立地でありながら、目的客を強力に集客。開業半年後には行列が絶えない繁盛ぶりを見せた。

DATA

- 開業年月／2005年8月
- 店舗面積／8坪
- 席数／9席
- 厨房スタッフ数／3人
- サービススタッフ数／厨房スタッフが兼任
- 営業時間／11時〜17時(昼の部)、17時〜23時(夜の部)
- 定休日／無休
- 住所／東京都文京区千駄木4-1-14
- 電話／03-3827-6272
- URL／www.tetsu102.com

貝汁らぁめん こはく

毎朝市場で仕入れるアサリ、ハマグリ、シジミの3種の貝のうまみが凝縮したスープが人気。香り高い全粒粉入りのストレート麺を合わせた「琥珀醤油麺」が売上げの5割を占め、近隣の会社に勤める男性客を中心に支持されている。

店づくり、営業について

店主の可児直樹さんは1972年生まれ。工場勤務を経て20代後半に飲食業の道へ。洋食店や居酒屋などで経験を積み、自由度の高いラーメンに魅力を感じ、開業の1年前にラーメン評論家の石神秀幸氏が塾長を務める千葉県「食の道場」へ入校。2015年6月「貝汁らぁめん こはく」を出店。

7.6坪の店内には対面式のL字型のカウンターを設置。入口に券売機を置き、支払いから着席までスムーズな動線を確保している。

Q ラーメン店を開業するまでの経緯を教えてください。

工場勤務を経て飲食業で働きはじめたのが20代後半。洋食店や居酒屋などで働き、ラーメンの自由度の高さに魅力を感じて、ラーメン店開業をめざすようになりました。チェーン展開しているラーメン店で1年ほどキッチンやホールで働きましたが、いわゆるラーメン店での修業というものはしていません。開業の1年半前にラーメン評論家の石神秀幸さんが塾長を務める千葉県の「食の道場」へ入校し、2週間の実習と講義を受講しました。学校ではスープやたれ、トッピングのつくり方など、ラーメンづくりのさまざまなことを学びました。また店舗運営や経営、税務などの講習もあり、幅広い知識を短期間で習得することができました。卒業後は自分がつくりたいラーメンの試作を自宅で行いながら、物件の情報収集やラーメン業態の新規出店情報、ラーメン界のトレンドなどの情報収集もしていました。物件に関しては、名古屋市内、車で利用しやすく、10坪前後、家賃10万円以下を条件として探していました。そんななか、基幹バスレーンから車で1分ほどの現物件に出合い、出店を決意。前店はスナックかバーのような店だったようですが、居抜き物件を改装し、ゆで麺機や冷蔵庫など必要なものの大半は中古厨房機器店で買いそろえて、2015年6月にオープンしました。

Q 「貝汁らぁめん」はどのようにつくり上げたのですか？

私自身が昔よく通っていた名古屋市千種区にある「三吉」さんのラーメンがヒントになりました。和風ベースのラーメンです。ラーメンは個性が出しやすいし、ジャンルも広く、自由度が高いところが魅力ですね。最近では鶏白湯や煮干しラーメンが人気となっていますが、開業までの1年半の間に100杯ほど試作を重ねて、貝だしのラーメンにいきつきました。試作を重ねるうちにどういうジャンルのラーメンにするか迷いが生じたこともありましたが、貝だしのおいしさを実感したときに「これでラーメンを出そう」と心が決まりました。

はじめはアサリ1種で貝だしをとっていたのですが、お客さまから「もっと味が強いほうがいい」と言われたこともあり、貝だしの分量を増やしたり、ムール貝を使ってみたこともありました。しかしムール貝は原価が高く使いづらい点もあっ

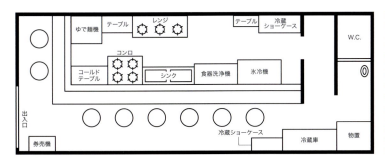

家賃10万円以下、10坪前後の物件を探し、もとスナックだった居抜き物件を借り受け、店舗を改装。開業投資額は600万円。自己資金300万円、残り300万円は金融機関から借り入れた。冷蔵庫、ゆで麺機、券売機、食洗機など機材の大半は中古でそろえ、開業投資額を抑えた。1日の客数は平日50〜70人、週末90人で推移している。

たので、試行錯誤を重ね、アサリ、ハマグリ、シジミの3種の貝を使ったスープに落ち着き、いまに至っています。

　スープはやはり貝が主役なので、貝だしに合わせる動物系と魚介系のダブルスープはすっきりとした味に仕上げ、貝の味わいが感じられることを第一に考えています。貝といえば塩ラーメンをイメージする方も多いのですが、日本の味噌汁や韓国のスンドゥブチゲなど味噌との相性もよいので、当店では味噌、辛味噌、台湾ラーメンにも貝スープを合わせています。冬場はカキを使ったラーメンなども提供しています。

Q 営業面で工夫していることはありますか？

　毎朝、柳橋市場に仕入れに行くことで、いろいろな情報を得ています。たとえば、鮮魚店の店主に「今日の貝は砂が多いからしっかり砂抜きしたほうがいいよ」と教えてもらったり、市場でお値打ちな食材に出合ったときには限定メニューとしてラーメンにとり入れたりすることもあります。カキやホタテのラーメンや、貝以外でもホタルイカやタイのあらでだしをとったラーメンなど、定番とはひと味違ったラーメンをつくることで、常連のお客さまにも楽しんでいただければと思っています。

Q 開業して苦労したことは？　今後の目標は何ですか？

　唯一苦労といえば、最近シジミが高騰していることでしょうか。1kg1000円だったものが1kg1500円と高くなりましたが、価格への転嫁は現行では考えていないので、頑張りどころです。当面は売上げの安定を図りながら、現状の味に満足せず改善を続けていきたいですね。あと夏は冷やしラーメンの要望も多いのでお客さまの期待に応えたいと思っています。

名鉄瀬戸線森下駅から徒歩6分の住宅街に立地。平日は近隣の会社に勤めるサラリーマン、週末はカップルや年配夫婦など客層は幅広い。

DATA

- 開業年月／2015年6月
- 店舗面積／7.6坪
- 席数／8席
- 厨房スタッフ数／1人
- サービススタッフ数／厨房スタッフが兼任
- 住所／愛知県名古屋市東区徳川
- URL／ameblo.jp/keieigenri

※2019年に閉店。

創作麺工房 鳴龍

中国料理の修業を積んだ店主が、経験を生かしてつくる「担担麺」や清湯スープのこく豊かな味わいが生きる「醤油拉麺」が評判。2016年春には厨房に中華レンジやスチコンを導入し、味のさらなるブラッシュアップに注力している。

店づくり、営業について

店主の齋藤一将さんは1976年生まれ。中国料理店に9年間勤務したのち、ラーメン店開業を志し、29歳でCHABUYA JAPAN㈱に入社。東京・表参道「ミスト」（現在閉店）に勤務後、香港「ミスト」の料理長を約2年務めて帰国。2012年4月、35歳で「創作麺工房 鳴龍」を開業した。

Q ラーメン店を開くまでの経緯を教えてください。

ものをつくる仕事がしたくて調理師専門学校に入学。フレンチやイタリアンはどんな世界か想像できなかったので、より身近な中国料理を専攻し、卒業後はホテルに就職してオーソドックスな中国料理をつくっていました。でも、結婚式や宴会の料理には興味がわかなくて。もっと日常的な料理を提供したいと思い、ラーメン屋をめざすことにしました。スープと麺のつくり方を一から覚えようと、「ちゃぶ屋」グループに入社したのは29歳のとき。すぐにオープンしたばかりの表参道「ミスト」に配属され、オーナーの森住康二さんから、ラーメンだけでなく、スチコン、ショックフリーザー、真空調理器などを駆使した創作料理を教わりました。その後、香港「ミスト」の立ち上げから料理長を務め、2011年9月に帰国。自己資金の800万円で開業できる10坪程度の物件を山手線沿線で探し、現物件を居抜きで借りました。店名は、自分と嫁が辰年生まれということもあり、日光東照宮の鳴龍のように「人の心に共鳴するラーメンをつくっていこう」という思いを込めて名づけました。

Q 商品はどのようにつくり上げたのですか？

当初から、差別化を図るため、これまでの経験が生かせる担担麺をメニューに加えようと考えていました。めざしたのは、化学調味料を使わずに時間をかけてとったスープと、小麦の香りのする自家製麺を組み合わせた、他にはない担担麺。スープは鶏、豚、牛、魚介、野菜を時間差で炊き、素材のうまみがバランスよく調和した清湯に。味の決め手となる芝麻醤は香港中の店を食べ歩き、こく、香り、濃度のベストなバランスを研究しました。麺は国産の3種の小麦をブレンドしたちゃぶ屋グループのオリジナル麺用粉を使った自家製麺。ぱつんとした食感の低加水麺を合わせることにしました。

2012年のオープン以来、スープに加える素材は何度も見直していて、今回紹介した生のカキを加えるレシピで仕込むようになったのは、2014年夏から。最初はほんの思いつきで試してみたのですが、味に奥行きが出たので、それまで入れていたショウガやセロリ、サバ節といった風味を主張する素材を加えるのをやめ、カキのうまみで深みを出すレシピに変更しました。

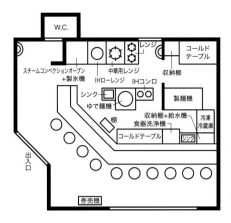

もと日本酒バーだった物件の床と壁、エアコン、オーブンを残して改装。開業時はカウンターを広めにとり12席としていたが、2年めに厨房スペースを拡張し配置を変更。2016年にスチームコンベクションオーブンや中華レンジなどを新たに導入した。スープの仕込みや加熱には、対流がよく温度が安定しているIHコンロを使用する。

Q 営業上の工夫や苦労を教えてください。

メディアが新店紹介でとりあげてくれた開店当初こそ、にぎわったものの、その後は客足が引いてしまい、1年めは大赤字。雑誌やテレビに助けられ、2年めになんとか黒字になり、これならやっていけると思えたのは開業後3年が過ぎた頃でした。現在の客数は1日100〜130人。スープは1日に寸胴鍋1本分しか仕込めないので、切れてしまうことも多く、心苦しく思っています。ただ、いまはとにかく昨日よりおいしいものをつくるのが自分の使命と考えて、素材を足したり、引いたり、炊き方を加減したり。試行錯誤を重ねています。でも最近は、加える食材の量がどんどんエスカレートしてしまい、原価的にはもう限界（笑）。たくさん使えばよいというものではないので、引くところは引いて、バランスをとろうと考えています。

Q 今後の予定、目標を教えてください。

スタッフがなかなか定着せず、2015年春からは、基本的に香港「ミスト」のスタッフだった嫁のラウと2人で店を切り盛りしてきました。そのため、いまは定番メニューだけで精一杯ですが、1人スタッフが入ることになったので、落ち着いたら中華そばやワンタン麺など、いまの醤油拉麺とはひと味違う醤油ラーメンを二毛作的につくってみようと考えています。広東チャーシューをのせたチャーシュー麺など、新たに入れたスチコンを生かしたメニューもつくってみたいですね。好きな仕事ですが身体的にはきついので、体調をくずさないように無理せず、マイペースで続けていこうと思っています。

JR大塚駅から徒歩約6分、落ち着いた雰囲気の店舗はマンションの1階に立地。開業後に改装し、現在はL字型カウンター10席で営業。客席より一段高い厨房から配膳、下膳する。

DATA

- 開業年月／2012年4月
- 店舗面積／約10坪
- 席数／10席
- 厨房スタッフ数／1人
- サービススタッフ数／1人
- 営業時間／11時30分〜15時、18時〜21時（月曜は昼の部のみ）
- 定休日／火曜
- 住所／東京都豊島区南大塚2-34-4 SKY南大塚 1F
- 電話／03-6304-1811

支那ソバ かづ屋

2018年に創業30周年を迎える「支那ソバ かづ屋」。店主の數家 豊さんがめざすのは「最後のひと口までおいしいラーメン」。看板商品の「支那ソバ」、自家製芝麻醤の風味が生きた「担担麺」は幅広い年代の客層から支持を得ている。

店づくり、営業について

店主の數家 豊さんは1956年生まれ、広島県尾道市出身。地元の工業高校を卒業し、大阪で働いたのち、20歳で上京。働きながら大学に通った。卒業後は経済雑誌の記者やフリーターを経験したが、28歳のときに數家さんが実家の家計を支えなければならない事態に直面。そのため、独立を前提として東京・浜田山のラーメン店「たんたん亭」に修業に入った。

JR目黒駅、東急線不動前駅からそれぞれ徒歩10分強離れた山手通り沿いに立地。以前は不動前駅寄りに店を構えていたが、2012年2月に現店舗に移転した。店や商品などの情報をブログでこまめに発信している。

Q ラーメン店を開業したいと考えたのはいつ頃ですか？

私がラーメンの道に進んだのは28歳のときでした。大学在学中に半年間バッグパッカーでアジアやヨーロッパを巡るなど、若い頃は自由奔放に暮らしていましたが、実家の事情で急に私が家計を支えなければならなくなった。家族全員を養えるだけの稼ぎを得るには自分で商売をはじめる必要がある。そう考え、28歳からでもチャレンジできる単品商売のラーメン店に着目しました。知人に東京・浜田山の「たんたん亭」を紹介され、大将の石原 敏さんに事情を説明したところ、独立を前提に雇っていただけることになったんです。

Q ラーメン店出店までの具体的な経緯を聞かせてください。

たんたん亭では足掛け6年修業し、そのうちの4年間は店長を務めました。当初から修業期間は5年間に設定していましたから、退職する半年くらい前から物件探しにとりかかりました。ただ、1988年当時はバブル経済の最盛期。賃料が高騰し、予算に見合った物件はなかなか見つかりませんでした。何とか確保した物件は9.2坪の規模で物件取得費が800万円。自己資金と融資で1500万円の資金を用意しましたが、工事費などの相場も高く、運転資金0円という危険な状態でスタートを切らざるを得ませんでした。

Q 主力ラーメンに「支那ソバ」を据えた理由は？

たんたん亭が「支那ソバ」「つけソバ」「ワンタンメン」が売りでしたから、メニュー構成はそれにならっています。最初は「支那ソバ」と「ワンタンメン」の2本柱でスタート。寸胴鍋1本で仕込んでいたスープを動物系スープと魚介だしを合わせるダブルスープに変え、2000年からは自家製麺を採り入れるなど、少しずつブラッシュアップを重ねて独自のラーメンをつくり上げました。ラーメンは個性重視の時代に突入していますが、私が心掛けてきたのは「最後のひと口までおいしいラーメン」。当店のラーメンは、スープ、麺ともに強力なインパクトはないかもしれませんが、1杯食べきったときに満足感を得られる味を探求し続けています。

Q 2006年に「担担麺」をメニューに加えた理由は？

じつは担担麺の原案は私が考えたわけじゃないんです。2006年に2号店を東京・五反田に出店したんですが、そのお

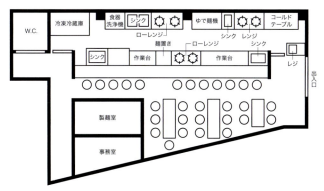

店舗規模は開業当初が9.2坪15席、2000年に規模を拡張して18.4坪23席。さらに12年2月に移転して25坪29席となった。グループや家族連れの来店が多いことから、客席はカウンター12席の他にテーブル3卓計17席を用意している。ピーク時の人員配置はキッチン2.5人、ホール0.5人。2人がラーメン、サイドメニューの調理を手がけ、1人が接客、食器洗浄を兼任しやすいように、厨房設備などの配置を工夫した。

祝いとして恩師である石原さんが担担麺のレシピをプレゼントしてくれたんです。たんたん亭では担担麺は扱っていないのですが、石原さんがずっと温めていた構想を私に譲ってくださったんです。担担麺も支那ソバのスープがベース。たんたん亭の支那ソバとはスープづくりもだいぶ変わっており、それに合わせて担担麺のレシピも私が調整を加えましたから、担担麺は師匠と2人で協力して編み出したラーメンだと考えています。

Q これまでで一番苦労したことは？

五反田店を出店した経験から自分は経営者には向かないということを痛感しました。とにかく、五反田店は苦労の連続。品質管理が思い通りにいかず、業績もなかなか上向きませんでした。本店よりも競合店が多い繁華街エリアだったので、それが原因だと考えて価格設定や新メニューの投入など試行錯誤を重ねました。でも、本店と五反田店は立地特性がまったく異なり、ビジネスモデルを根本的に見直さなければ商売が成り立たないことに気づき、14年9月に撤退することに決めました。

Q 今後の目標を聞かせてください。

2018年には創業30周年を迎えますが、これを35周年、40周年と伸ばしていくことが目標です。それと私自身がたんたん亭の石原さんにしていただいたように、若手の独立にもできるだけ協力したいと考えています。ただ、成功に近道はない、というのが私の持論。5年間は地道に勤め、基礎をしっかり身につけてこそ成功の道が開けてくると思っています。

2000年に旧店舗を規模拡張したのを機に自家製麺をはじめた。現店舗は店内に1.8坪の製麺室を設置。「支那ソバ」と「担担麺」用、「つけソバ」用の麺2種とワンタンの皮をつくっている。

DATA

- 開業年月／1988年6月
- 店舗面積／約25坪
- 席数／29席
- 厨房スタッフ数／3人
- サービススタッフ数／1人
- 営業時間／11時〜23時
  ※材料切れ次第終了
- 定休日／無休
- 住所／東京都目黒区下目黒3-2-4
- 電話／03-6420-0668
- URL／www.kaduya.co.jp

ラーメン技術教本

初版発行	2016年8月15日
4版発行	2020年7月31日
著者©	柴田書店
発行者	丸山兼一
発行所	株式会社柴田書店
	〒113-8477　東京都文京区湯島3-26-9　イヤサカビル
	営業部　03-5816-8282（注文・問合せ）
	書籍編集部　03-5816-8260
	http://www.shibatashoten.co.jp
印刷・製本	シナノ書籍印刷株式会社

本書収録内容の無断掲載・複写（コピー）・データ配信等の行為は固く禁じます。
乱丁・落丁本はお取り替えいたします。

ISBN978-4-388-06236-2
Printed in Japan

＊本書中の「トッピングの技術」の一部と「ラーメン素材図鑑」は、小社既刊の雑誌『ラーメン プロの技術』の記事を再構成、加筆したものです。